이륙 후 준비
&
비행 중 서비스

Cengage

Preparation After Take-off & In-flight Service

Mun Hee Jeong
Yang Ji Hye
Yang Hye Ryeon

ISBN-13: 978-89-6218-535-5

Cengage Learning Korea Ltd.
14F YTN Newsquare 76 Sangamsan-ro
Mapo-gu Seoul 03926 Korea

Printed in Korea
Print Number: 02 Print Year: 2023

이륙 후 준비 & 비행 중 서비스

문희정 | 양지혜 | 양혜련 공저

Cengage

Australia • Brazil • Canada • Mexico • Singapore • United Kingdom • United States

문희정 경희대학교 일반대학원 관광학 박사
한양대학교 국제관광대학원 관광학 석사
현) 한라대학교 호텔항공외식경영학과 조교수
전) 대한항공 객실승무원
두원공과대학교 항공서비스과 조교수
장안대학교 항공관광과 조교수
한국관광레저학회 대학생 학술위원회 부위원장

양지혜 경기대학교 서비스경영전문대학원 경영학 박사
경기대학교 서비스경영전문대학원 경영학 석사
현) 장안대학교 항공관광과 조교수
한국관광진흥학회 이사
전) 아시아나항공 캐빈 매니저
호원대학교 항공서비스학과 외래교수
정화예술대학교 항공서비스과 조교수

양혜련 세종대학교 일반대학원 호텔관광경영학 박사
세종대학교 관광대학원 관광경영학 석사
현) 오산대학교 항공서비스과 전임교수
한국관광학회 이사
전) 아시아나항공 부사무장
백석문화대학교 관광학부 외래교수
한국관광대학교 항공서비스과 겸임교수
장안대학교 항공관광과 겸임교수

이륙 후 준비 & 비행 중 서비스

초판 1쇄 발행 2022년 3월 14일
초판 2쇄 발행 2023년 9월 18일
지은이 문희정, 양지혜, 양혜련
편집기획 김민정
발행인 송성헌
발행처 센게이지러닝코리아(주)
등록번호 제313-2007-000074호(2007.3.19)
주소 서울시 마포구 상암산로 76 YTN 뉴스퀘어 14층
이메일 asia.infokorea@cengage.com
홈페이지 www.cengage.co.kr
ISBN-13 978-89-6218-535-5

정가 20,000원

머리말

이 책은 항공 객실 승무원의 업무 중 '이륙 후 서비스', '기내 식음료 서비스', '면세품 판매 및 2nd 서비스'에 해당하는 내용을 중심으로 집필했습니다. 이 3가지 업무를 시점별 세부 업무 7개로 구분하고 각각 개별 Chapter로 구성하여 학생들의 눈높이에 맞게 상세하게 설명하여 이해를 돕고자 했습니다.

장거리 비행 서비스 절차를 기준으로 이륙 후 좌석벨트 상시 착용 안내 방송부터 헤드폰과 기념품 서비스, 기내 음료 서비스, 기내식 서비스, 기내 면세품 판매, 2nd 식음료 서비스 업무까지 이론과 서비스를 접목하여 시점의 이동에 따라 상세히 기술했습니다. 또한 '기내 식음료 서비스'에서는 실제로 기내에 탑재되는 다양한 종류의 기내 음료와 기내식에 관련된 사진 자료를 추가하여 생동감 있는 간접 경험을 통해 학습의 흥미와 동기를 높이고자 했습니다.

이 책의 특징은 크게 4가지입니다. 첫째, 각 Chapter에 연관되는 Airline News를 수록하여 전반적인 항공 산업의 동향을 파악할 수 있도록 했습니다. 둘째, 승무원은 서비스 절차별로 승객과의 접점 서비스를 많이 수행하기 때문에 학생들이 객실 서비스 업무를 이해하고 쉽게 접근할 수 있도록 서비스 대화문을 수록하여 실습을 할 때 활용할 수 있도록 했습니다. 셋째, 이론을 설명하는 중에 〈PLUS+〉를 수록하여 승객의 입장에서 궁금해할 사항이나 승무원이 근무하면서 추가로 알아 두면 유익한 정보를 자세하게 설명했습니다. 마지막으로, 개념과 서비스 실무의 이해도를 파악하기 위해 각 Chapter에 〈Question & Answer〉와 〈Level up Role Play〉를 삽입하여 중요한 내용을 정리하고 실제 상황에 적용할 수 있도록 했습니다.

이 책을 통해 객실 승무원의 '이륙 후 서비스', '기내 식음료 서비스', '면세품 판매 및 2nd 서비스' 업무를 이해하고 항공 전문 지식과 실무 능력을 키워 나가 항공사 객실 승무원의 꿈에 한발 더 가까이 다가가기를 희망합니다.

마지막으로 이 교재를 위해 생생한 현장 모습을 담아 주고 최신 업무 정보를 제공해 준 여러 객실 승무원분들과 교수님들, 센게이지러닝코리아(주) 관계자분들께 진심으로 감사의 말씀을 드립니다.

2022년 2월

저자 일동

차례

이륙 후 서비스

CHAPTER 01

PART 02

기내 식음료 서비스

CHAPTER 05

기내식 서비스

면세품 판매 및 2nd 서비스

PART 01

이륙 후 서비스

Ronald Paras (Picxel8 Studios) / iStock / Getty Images Plus

CHAPTER 01

이륙 후 서비스

좌석벨트 상시 착용 안내 방송

헤드폰과 기념품 서비스(Headphone & Giveaway Service)

갤리 브리핑(Galley Briefing)

이륙 후 서비스

CHAPTER 01

학습목표

- 이륙 후 서비스 시작 전까지 업무를 파악할 수 있다.
- 갤리 브리핑의 의미를 이해하고, 갤리 브리핑의 내용을 파악할 수 있다.

Airline News!

비행하는 항공기 문은 왜 열리지 않을까?

비행하고 있는데 항공기 문이 열린다면 어떻게 될까? 상상하기도 싫은 끔찍한 일이 벌어질 것이다. 하지만 걱정할 필요가 없다. 가령 문이 8개나 되는 대한항공 B787-9 항공기도 순항 고도로 비행 중일 때에는 문이 열리지 않는다. 대기압은 올라갈수록 줄어 순항 고도인 약 9km 상공에서 지상의 26%로 낮아지는 반면 항공기 안에는 여압 시스템이 작동하여 일정 압력이 유지되기 때문에 문을 열려면 14톤가량의 힘이 필요하기 때문이다.

출처: 뉴시스 2021.09.23.

항공기가 지상에서 이륙하여 하늘로 날아올라 안전고도에 이르게 되면 승무원들은 승객들을 위한 서비스를 준비하게 된다. 비행기 안에서는 여러 승무원들과 승객들의 안전하고 쾌적한 여행을 위해 여러 가지 소통을 하여 서비스를 제공하고 제공받는다. 비행 구간의 절차와 흐름을 이해하면서 객실의 전반적인 업무를 살펴보고, 이를 통해 어떤 상황이 펼쳐질 수 있는지 응대안을 생각해 보며 상황을 이해해 보자.

이륙 후에는 본격적인 서비스 절차에 따라 서비스가 진행된다. 하지만 항공사마다, 노선별 특징마다 서비스 절차가 상이할 수 있다. FSC 항공사의 장거리 노선을 중심으로 이 책에서 다루는 이륙 후 서비스부터 착륙 준비 전까지 절차를 요약하면 다음과 같다.

이륙 후 기내 서비스 절차 개요

1. 헤드폰 및 기념품 서비스(Headphone & Giveaway Service)
2. 타월 서비스 (Towel Service)
3. 식전 음료 서비스 (Aperitif Service)
4. 첫 번째 식사 서비스 (1st Meal Tray Service)
5. 커피 및 차 서비스 (Coffee & Tea Service)
6. 식사 회수 (Meal Collect)
7. 기내 정리 (Clear Off)
8. 입국서류 작성 (Documents Service)
9. 면세품 판매 (Duty Free Sales)
10. 승객 휴식 (Pax Rest)
11. 타월 서비스 (Towel Service)
12. 식전 음료 서비스 (Aperitif Service)
13. 두 번째 식사 서비스 (2nd Meal Tray Service)
14. 식사 회수 (Meal Collect)
15. 기내 정리 (Clear Off)
16. 착륙 준비 (Preparation for Landing)

이륙 후 서비스 중 1장에서 살펴볼 서비스로, 이륙한 직후에 승객들에게 바로 제공하는 서비스는 다음과 같이 세 가지이다.

이륙 직후 서비스 절차

좌석벨트 상시 착용 안내 방송 (Seat Belt Sign Off) ➔ 헤드폰과 기념품 서비스 (Headphone & Giveaway Service) ➔ 갤리 브리핑 (Galley Briefing)

1. 좌석벨트 상시 착용 안내 방송

항공기가 이륙하고 적정 고도에 이르면, 기장은 좌석벨트 사인을 끄고(Seat Belt Sign Off), 기내 방송 담당자는 PA를 사용하여 좌석벨트 상시 착용에 대한 기내 방송을 실시하게 된다. 이 방송은 이제부터 기내에서 이동이 가능하며 객실 서비스가 시작됨을 의미한다. 하지만 비행 중에는 기류변화로 인해 예상하지 못한 난기류를 만나 기체가 갑자기 흔들릴 수 있다. 이런 사태에 대비하여, 비록 좌석벨트 사인은 꺼졌지만 기내에서는 벨트를 항상 착용해 줄 것을 권하는 방송을 실시하여 안전에 대한 주의를 환기하도록 한다.

이륙 시 점프시트에 앉아 있던 승무원은 좌석벨트 사인(Seat Belt Sign)이 Off된 것을 확인한 후, 점프시트에서 일어나 갤리(Galley)로 이동하여 서비스를 개시할 준비를 한

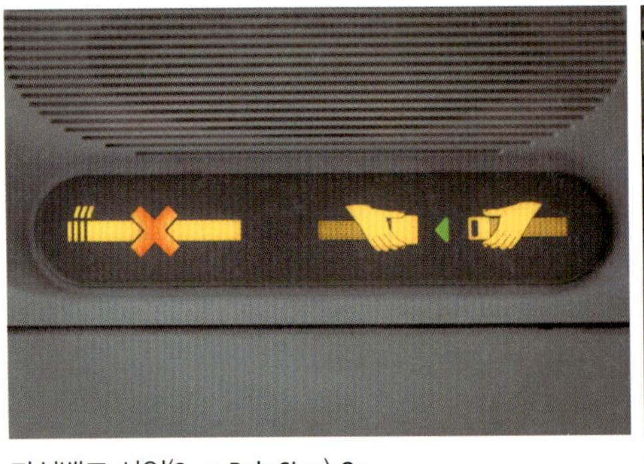

좌석벨트 사인(Seat Belt Sign) On

좌석벨트 사인(Seat Belt Sign) Off

다. 보관해 두었던 앞치마로 갈아입고 자신이 담당한 존의 승객 정보를 재확인하며 제반의 서비스 준비를 실시한다.

좌석벨트 상시 착용 안내 방송

손님 여러분, 방금 좌석벨트 표시등이 꺼졌습니다.
그러나 비행 중에는 기류변화로 비행기가 갑자기 흔들리는 경우가 있습니다.
안전한 비행을 위해, 자리에 앉아 계실 때에나 주무시는 동안에는 항상 좌석벨트를 매고 계시기 바랍니다.
그리고 선반을 여실 때에는 안에 있는 물건이 떨어지지 않도록 조심해 주십시오.
자세한 정보는 좌석 앞 기내지를 참고해 주시기 바랍니다.
감사합니다.

Ladies and gentlemen, the captain has turned off the seat belt sign.
In case of any unexpected turbulence, we strongly recommend you keep your seat belt fastened at all time while seated.
Please use caution when opening the overhead bins as the contents may fall out.
For more information about services available on this flight, please refer to the magazine in your seat pocket.
Thank you.

기내 방송에 사용되는 PA

PLUS

좌석벨트 사인이 꺼졌는데 왜 좌석벨트를 항상 매고 있는 것이 좋은가요?

비행기는 운항 중 여러 가지 형태의 난기류를 만나게 됩니다. 난기류는 크게 두 가지 종류로 나눌 수가 있는데요. 비행기에 장착된 기상 레이다로 미리 감지가 가능한 것과 불시에 만나게 되는 난기류입니다. 지구를 둘러싸고 있는 대륙 간 제트 기류가 높은 고도에서 서로 충돌하면서 파장을 일으켜 발생하는 난기류는 규모가 큰 것은 기상관측을 통해 예측이 가능하지만, 작은 난기류는 비행기 레이다에도 잡히지 않아 비행기 운행 중 수시로 만나게 됩니다.

이와 같은 이유로 난기류가 불시에 나타날 수 있음을 염두에 두고, 승객들에게는 좌석벨트 사인이 켜진 동안에는 물론이고 좌석벨트 사인이 꺼졌더라도 앉아 계실 때에는 좌석벨트를 항상 착용해 달라고 하는 것이 좋습니다.

2. 헤드폰과 기념품 서비스(Headphone & Giveaway Service)

1) 헤드폰 서비스

헤드폰(Headphone)은 일반적으로 좌석 앞 주머니에 담겨서 승객이 편의에 맞게 사용하도록 사전에 세팅(Pre-setting)되지만, 기종에 따라 세팅되지 않기도 한다. 헤드폰을 제공하는 방식과 시점은 항공사와 기종에 따라 상이하지만, 장거리 노선에서는 비행기 이륙 후 Serving Cart나 Tray에 올려서 서비스하는 것을 원칙으로 한다. 하지만 비행 출발시각이 이른 아침이거나 늦은 밤일 때에는 지상에서 Towel Basket에 담아 헤드폰 서비스를 제공하기도 한다. 또한 국제선 단거리 구간 중 AVOD 시스템이 운영되는 항공기에서 서비스하는 이어폰(Earphone)은 승객에게 증정용으로 무상으로 제공되기도 한다.

좌석 앞 주머니에 Pre-setting된 헤드폰

헤드폰 서비스 대화문

헤드폰 서비스 대화문 1

승무원 : 헤드폰 서비스를 하고 있습니다. 헤드폰을 사용하시겠습니까?

승객 : 네, 감사합니다.

승무원 : 즐거운 비행 되십시오.

헤드폰 서비스 대화문 2

승무원 : 손님, 영화를 보시거나 음악을 들으실 때 사용하실 헤드폰입니다.

승객 : 전 필요 없어요.

승무원 : 네. 손님, 필요하실 때 언제든지 말씀해 주십시오. 즐거운 비행 되십시오.

2) 기념품 서비스

항공기에서 제공하는 기념품(Giveaway)이란 탑승을 환영하는 의미로 항공사에서 준비한 탑승 기념품을 의미한다. 기념품은 일반적으로 상위클래스 승객용과 어린이(만 2세 이상~12세 미만) 승객용으로 구분된다. 기념품의 종류는 항공사마다 다소 차이가 있지만, 주로 상위클래스 승객에게는 편의복, 넥타이, 스카프 등이 제공되고, 어린이 승객에게는 스티커, 뽀로로와 색칠공부, 미로찾기, 잡지, 색연필, 퍼즐, 인형, 모형 비행기 등이 제공되곤 한다. 기념품에는 항공사 고유의 로고가 새겨져 있어 여행을 마친 후에도 기념품을 보며 항공사와의 추억을 떠올릴 수 있게 된다.

뿐만 아니라 항공사에서는 계절과 특별한 날에 맞는 기념품을 제작하여 승객들에게 제공하기도 한다. 하절기에는 바캉스 용품인 썬캡 비치볼을 탑승 기념품으로 제공하기도 하며, 엽서, 볼펜, 귀마개, Eyemask, 기내 잡지 등은 모든 승객들을 대상으로 제공하는 기념품이다.

이처럼 기념품을 제공하는 다양한 방식과 시점은 항공사의 운영방침에 따라 다를 수 있지만, 일반적으로는 이륙 후 헤드폰과 함께 기념품 서비스를 실시하여 환영하며 승객들이 즐겁게 비행할 수 있도록 한다. 하지만 객실 사무장의 판단에 따라 비행 출발시각이 이른 아침이나 늦은 밤일 경우, 이륙 전 지상에서 헤드폰과 기념품 서비스를 제공하기도 한다.

어린이 기념품 서비스 대화문

승무원 : (눈높이를 낮추고 눈을 맞추며, 미소 띤 얼굴로) 반가워요. 어린이 친구들을 위한 탑승 기념품입니다. 비행 중 도움이 필요하면 언제든지 문의해 주세요. 즐거운 비행 되시기 바랍니다.

승객 : 네, 감사합니다.

다양한 어린이 기념품

M101Studio / Shutterstock.com

3) 기타 특별 승객 서비스

기내 식음료 서비스를 시작하기 전에, 담당한 구역(Zone)에 도움이 필요한 특수 승객이 있는지 확인하고 도움이 필요한 승객에게 지원 서비스를 제공한다. 예를 들어 유아 동반 승객에게는 유아용 요람을 설치하고, 아이와 함께 편안하게 여행할 수 있도록 비행 중 자주 사용하게 될 물티슈, 휴지 등의 물품을 미리 서비스한다. 유아용 요람에 베개와 이불을 세팅(Setting)하고, 고정핀으로 잘 고정되어 벽에 단단하게 부착되었는지 다시 한번 확인한다. 또한 필요한 부분이 있다면 언제든지 도움을 요청하는 것이 가능함을 안내한다.

▌유아용 요람 서비스

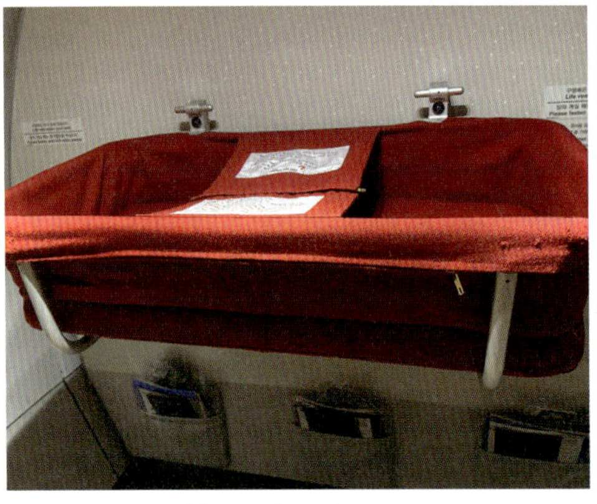
기내 벽면에 고정한 유아용 요람

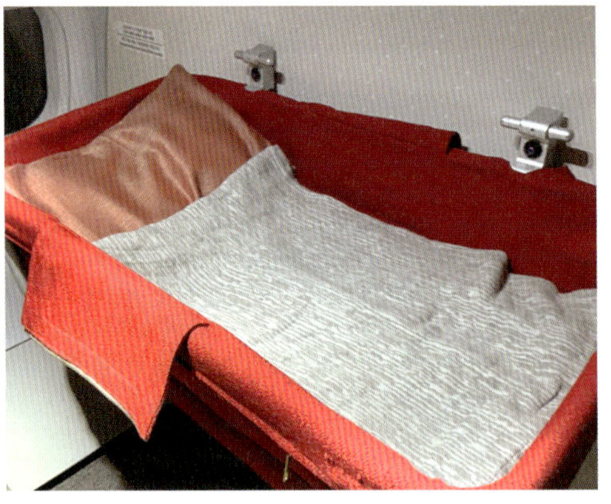
이불과 베개를 세팅한 유아용 요람

Fadhli Adnan / Shutterstock.com

이어플러그와 아이마스크 제공

서비스 준비가 시작되기 전에, 갤리 주변 승객에게 이어플러그(Earplug)와 아이마스크(Eyemask)를 제공하면서 갤리 주변에 소음과 불빛이 발생할 수 있음을 설명하여 미리 양해를 구하는 것도 승객들이 놀라지 않도록 배려하고 컴플레인을 방지하는 좋은 방법이 될 것이다.

3. 갤리 브리핑(Galley Briefing)

항공기가 이륙하고 나면 객실 승무원들은 점프시트에서 일어나 자신이 근무하게 될 담당 갤리(Galley)로 이동하여 앞치마로 갈아입고 서비스를 개시할 준비를 한다. 헤드폰 서비스와 어린이 기념품 서비스를 마치고 갤리로 들어온 승무원들은 서비스의 시작을 위해 갤리 브리핑을 실시한다.

갤리 브리핑은 상위클래스에서는 클래스의 시니어가 주관하여 실시하고, 이코노미 클래스에서는 갤리 담당 승무원이 주관하여 실시한다. 이때 콜 서비스의 적극적인 응대와 객실 순회를 통해 갤리 밖 승객들에게 서비스 공백이나 부족함이 생기지 않도록 주의한다.

갤리 브리핑에서는 서비스를 시작하기 전에 오늘 비행에서 알아야 할 중요한 정보와 서비스 내용, 특이사항에 대한 정보를 공유한다. 이때 서비스 진행 방법, 서비스 시 유의사항과 특이사항, 기내식에 관한 정보, 예를 들어 탑재된 기내식의 내용과 수량, 탑재된 식사 종류별 비율, 탑재된 특별식(SPML)의 내용과 수량 등 자세한 내용을 꼼꼼하고 정확하게 파악해야 한다.

특히 승객들이 높은 관심을 보이는 메인 앙트레에 곁들인 요리가 무엇인지 알아 두어야 한다. 예를 들어 쇠고기 요리에는 밥과 감자, 누들을 곁들이므로 서비스하기 전에 주요리에 곁들인 요리가 무엇인지 확인하여 승객들에게 바르게 안내할 수 있도록 한다.

갤리 브리핑 예시문

지금부터 저희 Zone 갤리 브리핑을 시작하겠습니다.
오늘 승객은 ○○○이며, VIP 승객 ○분, SPML Meal 요청 승객 ○분이 계십니다.
VIP 승객은 ○○ 좌석에 계시며, SPML은 ○○ML 2개, ○○ML 3개입니다.
Special Meal은 확인하시고, 식사 전에 꼭 서비스될 수 있도록 하겠습니다.

오늘 식사에는 ____________와 ____________가 있습니다.
현재 ____________개의 밀카트가 있습니다. 오늘은 ____________가 6대 4의 비율로 더 많이 탑재되었으니 참고해 주십시오.

서비스 시 차가운 음료는 반드시 차갑게, 뜨거운 음료는 뜨겁게 서비스될 수 있도록 유의해 주십시오.

다양한 쇠고기 요리

밥을 곁들인 쇠고기 요리

cherry-hai / Shutterstock.com

감자를 곁들인 쇠고기 요리

누들을 곁들인 쇠고기 요리

PLUS

갤리 브리핑을 하는 이유와 주된 내용이 무엇인지 알아볼까요?

기내에서 승객들에게 원활한 서비스를 제공하기 위해서는 승객들과 승무원의 의사소통도 중요하지만, 해당 승무원들 간의 소통과 팀워크도 이에 못지않게 중요합니다. 단거리나 장거리 비행을 하면서 많은 시간 동안 같이 일할 동료들인데, 서로 초면이고 서먹하다면 어떨까요? 갤리 브리핑은 승객들에게 서비스를 개시하기 전에 먼저 승무원들 간에 원활한 소통을 도모하고 팀워크를 형성하는 중요한 시간이라고 할 수 있습니다.

또한 갤리 브리핑에서는 승무원들이 다음과 같은 중요한 내용을 공지받고 승객이나 기내 시설물에 대해 각자 알고 있는 사항을 서로 공유하게 됩니다.

- 탑승객 정보
- 특별 고객 정보(VIP, 특별 승객 등)
- 기내식의 종류 및 내용
- 탑재된 기내식 종류별 비율
- 서비스 진행 방법
- 기내 서비스 시 유의사항 및 특이사항

Maxene Huiyu / Shutterstock.com

서비스를 개시하기 전 준비 중인 갤리

Question & Answer

1. Galley Briefing을 하면 어떤 점이 효과적일지 생각해 봅시다.

2. Galley Briefing의 가상 시나리오를 작성해 봅시다.

참가 인원 및 역할 정하기

가상 시나리오 작성하기

안녕하세요? OK119편 이코노미 클래스 C Zone의 갤리 브리핑을 시작하겠습니다.

Level up Role Play 1

상황 **항공기가 Taxiing 중인데 선반에서 짐을 꺼내려고 하는 승객을 발견한 상황**

Tip

- 지금 항공기가 이동 중이니 움직이시면 안 된다고 말씀드리며 승객을 제지한다.
- 항공기가 급정지하게 되면 안전사고가 발생할 수 있음을 안내한다.
- 짐은 이륙 후 좌석벨트 사인이 꺼진 후 꺼낼 수 있도록 당부한다.

응대 방법

응대 대화문

Level up Role Play 2

상황 **기체 요동 시 화장실에 가려는 승객을 발견한 상황**

Tip

- 아무리 비행기가 흔들려도 화장실을 급히 가야 하는 상황에 처할 수 있다. 이런 상황에서는 승객에게 안전과 관련한 사항을 합의하거나 이해시키는 응대가 필요하다.
- 항공기의 안전규정상 승객들의 안전을 위해 기체 요동 시에는 화장실 이용이 어려움을 설명하고 양해를 구한다.
- 그럼에도 불구하고 화장실을 이용해야 한다면 위험한 상황임을 인지시키고, 그래도 이용하시겠는지 의향을 확인한 후 직접 화장실까지 안내한다.

응대 방법

응대 대화문

Level up Role Play 3

상황

유아용 요람(Baby Bassinet)을 설치하기엔 아이가 너무 큰데도 유아용 요람을 설치해 달라고 요구하는 상황

Tip

- 유아용 요람은 안전상 최대 14kg까지의 아이에게만 설치 가능하므로 아이의 안전을 위해 설치가 불가하다고 설명하며 양해를 구한다.
- 유아용 요람의 구조상 두 개의 핀으로 고정해야 하기 때문에 설치에 어려움이 있음을 자세히 설명한다.
- 비행 중 아이에게 불편한 점이 있는지 지속적으로 살피고, 도움이 필요하면 언제든지 콜 버튼을 눌러 달라고 안내한다.

응대 방법

응대 대화문

Level up Role Play 4

상황

옆자리에 앉아 계신 연로하신 부모님의 자리가 불편하다며 비상구 좌석 쪽으로 옮겨 달라고 요청하는 상황

Tip

- 비상구 좌석은 비상시 승무원의 비상탈출을 돕는 승객이 앉는 자리이다. 따라서 어린이와 노약자는 비상구 좌석에 앉을 수 없음을 안내한다.
- 주변 좌석을 확인하고, 두 자리가 비어 있는 곳이 있다면 안내한다.
- 만약 만석이라면, 지속적으로 해당 승객을 살피며 세심한 서비스를 이어 간다.

응대 방법

응대 대화문

PART 02

기내 식음료 서비스

Ronald Paras (Picxel8 Studios) / iStock / Getty Images Plus

CHAPTER 02 기내 음료
기내 알코올 음료의 분류
기내 알코올 음료의 종류
기내 비알코올 음료의 분류

CHAPTER 03 기내 음료 서비스
타월 서비스
식전 음료(Aperitif) 서비스

CHAPTER 04 기내식
서양식
기내식
Special Meal

CHAPTER 05 기내식 서비스
Special Meal
기내식
와인 및 물 리필(Wine & Water Refill)
커피 및 차(Coffee & Tea)
기내식 회수

기내 음료

CHAPTER 02

학습목표

- 기내 알코올 음료를 제조 방법에 따라 분류하고 특징을 이해할 수 있다.
- 기내 알코올 음료와 비알코올 음료의 종류, 특징 및 각각의 서비스 방법을 이해할 수 있다.

Airline News!

땅에서도 기내식 먹방

항공사들이 다양한 이색 F&B 마케팅을 선보이고 있다. 제주항공은 승무원이 운영하는 기내식 카페 '여행의 행복을 맛보다'를 출시해 기내식 4종, 승무원이 직접 만든 음료, 제주항공 굿즈 등을 판매하고 있다. 타이항공도 방콕 타이항공 본사에 비행기 객실 모양으로 꾸미고 입구부터 탑승 계단식으로 개조한 레스토랑을 운영하고 ANA 항공도 하네다 공항에 주기된 B777기 한 대를 '날개 달린 레스토랑'으로 연출해 기내식을 판매하고 있다.

출처: 트래비 매거진 2021.04.21.

© 연합뉴스

기내에는 다양한 종류의 음료가 탑재되며, 기내 음료 서비스는 기내식 서비스 전 · 중 · 후 서비스 절차에 따라 또는 승객의 요구에 의해 항시 서비스된다. 따라서 승객의 만족도를 높이고 원활한 서비스를 제공하기 위해 객실 승무원은 기내에 탑재되는 다양한 알코올 음료와 무알코올 음료의 종류, 특징뿐만 아니라 각각의 음료에 따른 서비스 방법 등을 잘 숙지하여 서비스할 수 있도록 한다.

1. 기내 알코올 음료의 분류

기내에서 서비스되는 알코올 음료는 일반적으로 음용이 가능한 에틸 알코올(Ethyl Alcohol)이 1% 이상 포함된 것을 말한다. 여기서는 알코올 음료를 제조하는 방법과 식사하는 시점에 따라 분류하고 특징과 종류에 대해 간략하게 알아본다.

1) 제조 방법에 따른 분류

(1) 양조주(Fermented Liquor)

양조주는 가장 오래된 역사를 지닌 술로 과실에 함유된 과당을 발효시키거나 곡물에 함유된 전분을 당화시킨 후 효모의 작용을 통해 발효시킨 술이다. 알코올 함량은 1~18%로 낮은 편이며, 와인과 맥주, 막걸리, 청주 등이 대표적인 양조주이다.

▎다양한 양조주

(2) 증류주(Distilled Liquor)

증류주는 양조주를 증류기에 넣고 증류 과정을 거쳐 알코올 도수를 높인, 정제한 술을 말한다. 알코올 함량은 일반적으로 40~80%로 높은 편이며, 위스키와 보드카, 브랜디, 럼, 고량주 등이 대표적인 증류주이다.

▌다양한 증류주

monticello / Shutterstock.com

(3) 혼성주(Compounded Liquor)

혼성주는 양조주나 증류주에 식물의 꽃, 잎, 뿌리, 과일, 과일 껍질, 당, 색소 등을 첨가하여 만든 술을 아우르는 말이다. 알코올 함량은 종류에 따라 68%까지 높은 것도 있지만 일반적으로 20~30% 정도 된다. 포도주를 베이스로 한 혼성주는 주로 식사 전에 입맛을 돋우기 위해 마시거나 칵테일용으로 사용하며, 대표적인 종류에는 드라이 베르무트(Dry Vermouth), 스위트 베르무트(Sweet Vermouth) 등이 있다. 증류주를 베이스로 한 혼성주는 칵테일용으로 사용하거나 식후주로 애용하며, 잘 알려진 종류로는 쿠앵트로(Cointreau), 베일리스(Baileys), 그랑 마니에르(Grand Marnier), 드람브이(Drambuie) 등이 있다.

▌ 다양한 혼성주

FoodAndPhoto / Shutterstock.com

NeydtStock / Shutterstock.com

Rudolfovich / Shutterstock.com

2) 식사 시점에 따른 분류

(1) 식전주

특유의 맛으로 위산 분비를 활발하게 하여 식욕을 증진시키므로 식욕을 돋우기 위해 식사 전에 마시는 술이다. 따라서 식전주는 신맛과 쓴맛이 나며 달지 않아야 한다.

대표적인 식전주로 샴페인(Champagne), 캄파리(Campari), 셰리(Sherry), 베르무트(Vermouth) 등이 있다.

(2) 식중주

식사와 함께 마시는 술로, 알코올 농도가 높지 않아야 하며 위나 혀에 자극을 주지 않고 음식과 조화를 이루는 것이 좋다. 대표적인 식중주로 맥주(Beer), 와인(Wine) 등이 있다.

Kollawat Somsri / Shutterstock.com

(3) 식후주

식사 후 소화를 돕는 술로, 알코올 농도와 당도가 모두 높은 것이 특징이다. 대표적인 식후주로 리큐어(liqueur), 브랜디(Brandy) 등이 있다.

2. 기내 알코올 음료의 종류

기내에 탑재되는 다양한 알코올 음료의 종류와 특징을 파악하고 식사 시점에 따라 음식과 조화를 이루는 알코올 음료를 서비스하여 승객의 만족도를 높일 수 있다. 기내에서는 평소와 같은 알코올 음료의 양을 마셔도 기압이 낮아 더 빨리 취하는 효과가 나타나므로, 승무원은 승객의 상태를 확인한 후 제공하도록 한다,

1) 맥주(Beer)

대표적인 양조주인 맥주는 보리, 홉(hop)을 주원료로 발효시켜 만든 것으로, 전 세계에서 가장 대중적이며 가장 오래된 알코올 음료이다. 탄산가스의 청량감을 즐길 수 있도록 6~8도 정도의 온도로 차게 마시는 것이 좋으나 너무 차면 맛을 제대로 느낄 수 없다. 맥주의 거품은 탄산가스의 유출을 방지하고 신선한 맛을 유지해 주므로 제거하지 않고 함께 마시는 것이 좋다.

맥주는 저장 시간과 직사광선, 온도에 따라 맛이 달라지므로 기내에는 캔 맥주(Can Beer) 형태로 탑재된다. 한국에서 출발할 경우 한국 맥주가 주로 탑재되지만, 현지에서 탑재될 경우에는 현지 맥주가 탑재되어 서비스하게 된다.

Antonio Salaverry / Shutterstock.com

시원하게 Chilling된 맥주

기내에 탑재된 맥주

PLUS

맥주 발효 방법에 따른 종류와 특징에 대해 알아볼까요?

주류 매장에 가면 다양한 종류의 맥주를 볼 수 있습니다. 맥주는 발효 방법, 양조법, 알코올 함량, 열처리 방법 등에 따라 여러 가지 맛과 향을 내는데, 발효 방법을 중심으로 분류하면 다음의 두 종류가 있습니다.

- 상면발효 맥주: 발효 도중에 생기는 거품과 함께 상면으로 떠오르는 성질을 가진 효모인 사카로마이세스 세레비지(Saccharomyces Cerevisiae)를 사용하여 만드는 맥주를 말합니다. 상면발효 맥주는 비교적 18~25℃의 고온에서 2주 정도 발효한 후 15℃ 정도에서 약 1주간의 숙성을 거쳐 만들어집니다. 대표적인 종류에는 영국의 스타우트(Stout), 에일(Ale), 바이젠비어(Weizenbier) 등이 있습니다. 스타우트는 색깔이 매우 검으면서 감미롭고 다소 탄 냄새가 나며 맥아 향이 강합니다. 에일은 라거에 비해 홉(Hop)을 1.5~2배 정도 더 첨가하여 홉의 향과 쓴맛이 강하고 과일 향이 풍부하게 나는 것이 특징입니다. 바이젠비어는 보리 맥아 이외에 밀(Wheat)을 사용하여 풍부한 거품과 흰색에 가까운 빛깔을 내고 부드럽고 신맛이 나는 특징이 있습니다.

Darios / Shutterstock.com

Steve Cukrov / Shutterstock.com

Darios / Shutterstock.com

- 하면발효 맥주: 발효 중 밑으로 가라앉는 성질을 가진 효모를 사용하여 만드는 맥주로, 비교적 저온에서 발효되며, 일반적으로 라거 맥주(Lager Beer)라고 부릅니다. 에일과 달리 과일 향이나 깊은 맛이 없는 대신 부산물이 적어 맑고 깔끔하며 시원한 청량감이 특징입니다. 라거는 5~10℃의 저온에서 7~12일 정도 발효한 후, 다시 1~2개월간의 숙성기간을 거쳐 만들어집니다. 세계 맥주 생산량의 약 70% 정도를 차지하며, 대표적인 종류에는 체코의 필젠(Pilsen), 독일의 도르트문트(Dortmund), 미국, 일본, 한국 등에서 생산되는 다양한 맥주가 있습니다.

vengerof / Shutterstock.com

Fotazdymak / Shutterstock.com

Danut Vieru / Shutterstock.com

2) 증류주(Distilled Liquor)

증류주는 양조주를 다시 증류해서 만든 술이다. 증류에 의해 증발하는 기체 상태의 알코올을 냉각시켜 액체 상태로 만드는 과정을 '기체 냉각'이라고 하며, 이 과정을 거쳐 고농도의 알코올 성분인 증류주가 만들어진다. 여기서는 기내에서 주로 서비스되는 증류주의 종류와 특징에 대해 자세히 알아보도록 한다.

(1) 위스키(Whisky, Whiskey)

곡물을 발효시킨 양조주를 증류한 것으로 오크(Oak)통 속에서 숙성기간을 거쳐 만든 대표적인 증류주이다. 술이 숙성되는 동안 오크통 성분이 우러나와 호박색(Amber)이 되고 풍미도 더욱 부드러워져 마시기에 적합한 상태가 된다.

생산지별로 고유의 풍미와 특성을 지닌 여러 가지 종류의 위스키가 만들어지고 있으며, 대표적인 종류로는 스카치 위스키(Scotch Whisky), 아메리칸 위스키(American Whiskey), 캐나디언 위스키(Canadian Whisky), 아이리시 위스키(Irish Whisky) 등이 있다. 기내에 탑재되는 위스키 브랜드는 항공사마다 상이하지만, 일반적으로 아래와 같은 위스키가 탑재된다.

▌ 기내에 탑재되는 다양한 브랜드의 위스키

스카치 위스키
(Ballantine's 17)

스카치 위스키
(Chivas Regal)

스카치 위스키
(Glenfiddich)

아메리칸 위스키
(Jack Daniel)

위스키를 마시는 방법에 대해 알아볼까요?

- Straight는 위스키를 전용 잔에 소량(30ml)을 담아 위스키 본연의 풍미를 즐기는 방법입니다. 위스키를 Straight로 주문받는다면 반드시 체이서(Chaser)도 함께 제공할지 물어보고 서비스해야 합니다.
- On The Rocks는 위스키 전용 잔에 얼음을 담고 위스키를 따라 마시는 방법입니다.
- Cocktail은 위스키를 베이스로 하여 탄산음료나 주스 등을 함께 넣어 마시는 방법으로, Manhattan, Whisky Sour, Bourbon Coke 등이 있습니다.
- 미즈와리는 위스키에 적정량의 물을 타서 칵테일처럼 마시는 방법으로, 일본에서 부르는 명칭이며 주로 일본 노선 비행에서 많이 서비스됩니다.

Straight

On The Rocks

다양한 칵테일

체이서(Chaser)란 증류주를 Straight로 마실 때 제공되는 물이나 청량음료(소다수 또는 진저에일)를 말합니다.

FoodAndPhoto / Shutterstock.com

기내에서 위스키를 서비스하는 방법에 대해 알아볼까요?

먼저 승객에게 기내에 준비된 위스키의 종류를 안내하고 주문을 받습니다. 이때 기내 대화문을 활용하여 승객이 원하는 위스키의 종류를 묻고 마시는 방법까지 안내하며 그 외 필요한 것을 준비합니다.

- 승객이 주문한 위스키 미니어처와 잔, 냅킨, 넛츠 등의 스낵을 함께 준비합니다.
- On The Rocks를 주문받은 경우에는 얼음을 넣은 잔과 머들러를 함께 준비합니다.
- Straight를 주문받은 경우에는 체이서의 필요 여부를 묻고 승객 요청 시 별도의 잔에 담아 Small Tray 위에 준비합니다.
- 승객 앞에서 미니어처를 오픈하여 뚜껑을 제거합니다. 승객이 미니어처 라벨(Label)을 확인할 수 있도록 승객 시점에서 라벨이 바로 보이게 하여 잔과 함께 서비스합니다.

기내에서 서비스된 위스키

Emelie Lundman / Shutterstock.com

미니어처로 서비스된 위스키

SAPhotog / Shutterstock.com

미니어처 리쿼류

▌ 기내에 탑재되는 카트 내 주류

(2) 브랜디(Brandy)

와인을 증류한 것으로 식후주로 많이 애용된다. 특유의 향이 머물 수 있도록 볼이 크고 잔의 입구가 좁은 잔에 소량을 담아 상온에서 마신다. 발효가 끝난 와인을 증류하여 액체로 만든 다음 오크통에 넣어 숙성시키면 호박색의 브랜디가 만들어지며 숙성기간이 길수록 품질이 우수해진다.

브랜디는 원료로 사용된 과일의 이름을 붙여 포도 브랜디, 사과 브랜디, 살구 브랜디 등으로 부를 수 있다. 그러나 일반적으로 '브랜디'라 하면 포도로 만든 와인을 증류한 것을 말한다. 이외에 생산지별로 유명한 브랜디는 다음과 같다.

monticello / Shutterstock.com

코냑(Cognac)

프랑스 보르도 북부에 위치한 코냑 지방에서 생산되는 브랜디만을 코냑이라고 부른다. 꽃향기와 과일 향이 강하며, 까뮈(Camus), 헤네시

(Hennessy), 레미 마르탱(Remy Martin) 등의 종류가 있다.

아르마냑(Armagnac)

프랑스 아르마냑 지방에서 생산되는 브랜디를 말한다. 말린 자두, 무화과, 건포도 등과 같이 보통 말린 과일 풍미를 지니며, 샤보(Chabot)가 대표적이다.

칼바도스(Calvados)

프랑스 북부 노르망디에 있는 칼바도스 지방의 특산물인 사과로 만든 브랜디를 말한다. 레콤트(Lecompte)가 대표적인 칼바도스이다.

기내에 탑재되는 브랜디는 도수가 높아 식사 후 후식과 함께 주로 서비스되며, 아래와 같은 종류가 있다.

▌ 기내에 탑재되는 다양한 브랜디

카뮈VSOP(Camus)

카뮈XO(Camus)

레미 마르탱(Remy Martin)

blaskor / Shutterstock.com

PLUS

코냑 등급에 대해 알아볼까요?

증류를 마친 와인은 투명한 색에 가까운데, 이렇게 갓 증류한 와인을 오드비(Eau-de-vie)라고 부릅니다. 코냑의 나이를 콩트(Comte)라고 하는데, 매년 4월 1일을 기준으로 셈합니다. 따라서 증류 직후, 저장하기 전의 오드비가 '콩트 0'에 해당하며 4월 1일부터 다음해 3월 31일까지 1년간 저장 · 숙성한 것은 '콩트 1'이고, 2년 숙성한 것은 '콩트 2'가 됩니다. 콩트 2부터는 'VS'라는 등급 호칭을 붙일 수 있으며 판매가 가능합니다.

프랑스에서는 코냑 유통과 등급, 생산 방법, 생산지 등을 BNIC(le Bureau National Interprofrssionnel du Cognac, 국립코냑사무국)에서 법으로 제정해 엄격히 관리하고 있습니다. 최근 BNIC에서는 XO 등급을 '2016년 4월부터 10년 이상 숙성한 코냑'에 부여하기로 수정하면서 코냑의 오드비 숙성 연도를 늘렸습니다. 자세한 내용은 아래와 같습니다.

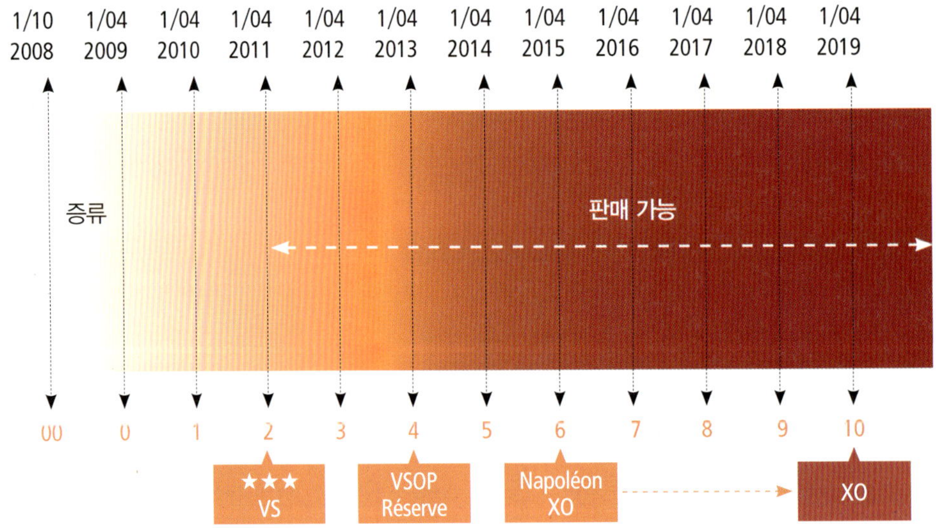

BNIC(www.cognac.fr)

- 2년 숙성: VS(Very Special)
- 4년 숙성: VSOP(Very Superior Old Pale)
- 6년 숙성: Napoleon XO
- 10년 숙성: XO(Extra Old)

PLUS

브랜디를 마시는 방법에 대해 알아볼까요?

브랜디는 과실 증류주로, 변질할 위험이 없으며 온도에 따라 과실 특유의 향이 올라오므로 손으로 감싸서 손의 온기를 이용하여 잔을 데우고 올라오는 향을 음미하며 마시는 것이 일반적입니다. 브랜디 특유의 향을 즐길 수 있는 튤립 모양의 전용 잔(Brandy Snifter)에 1oz 정도를 따라 마십니다. 기본적으로 체이서 없이 브랜디 고유의 향을 느낄 수 있도록 브랜디만 즐기는 경우가 많습니다. 브랜디를 베이스로 하는 칵테일(Cocktail)에는 Creme De Cacao와 Light Milk를 함께 넣어 만든 Brandy Alexander가 있습니다.

(3) 진(Gin)

증류주인 동시에 혼성주인 진은 증류주에 Juniper Berry(노간주나무 열매)의 향미를 추출, 혼합하여 제조한 것이다. 초기에는 약용으로 판매했으나 향이 산뜻하여 술로 애용하게 되었으며 런던 드라이 진(London Dry Gin)이 유명하다. 대표 브랜드로는 Beefeater, Bombay, Gordon's, Sapphire, Bols 등이 있다. 진은 특유의 향이 좋아 Straight로 즐기기도 하고 Gin Tonic, Martini, Tom Collins 등 칵테일로 제조하여 마시기도 한다. 기내에 탑재되는 진은 주로 칵테일 베이스로 사용된다.

monticello / Shutterstock.com

다양한 종류의 진

기내에 탑재되는 진(Beefeater)

(4) 보드카(Vodka)

러시아의 대표적인 술로, 곡류나 감자를 엿기름으로 당화, 발효시켜 증류한 뒤 자작나무 숯으로 탈취, 여과한 것이다. 캐비아(Caviar), 연어(Salmon) 등의 전채요리와 함께 식전주로 즐겨 마시며, 무색, 무미, 무취한 특징이 있어 Bloody Mary, Screw Driver, Vodka Tonic 등 칵테일로 제조하여 마시기도 한다. 대표적인 브랜드로는 Smirnoff, Absolut 등이 있다. 기내에 탑재되는 보드카는 진(Gin)과 함께 칵테일 베이스로 주로 사용된다.

monticello / Shutterstock.com

다양한 종류의 보드카

기내에 탑재되는 보드카(Absolut)

(5) 럼(Rum)

당밀이나 사탕수수의 즙을 발효하여 증류한 후, 설탕을 태워 만든 캐러멜로 색을 내고 오크통에 넣어 수년간 저장, 숙성시킨다. 생산지나 제조법에 따라 독특하여 라이트 럼, 미디엄 럼, 헤비 럼 3가지 유형으로 구분한다. 럼은 향미가 특유하여 Straight로 마시기도 하고, 다른 재료와 쉽게 섞이는 특성으로 칵테일로 제조하여 마시기도 한다. 대표적인 브랜드로는 Bacardi, Myers's 등이 있다. 기내에는 아래와 같은 종류의 럼이 탑재된다.

monticello / Shutterstock.com

다양한 종류의 럼

기내에 탑재되는 럼(Bacardi)

(6) 리큐어(Liqueur)

리큐어는 증류주에 과일이나 과즙, 약초, 향초, 꽃 등 초근목피의 성분을 첨가하고 당분을 가미해 향, 색, 맛을 낸 것으로 혼성주의 하나이다. 영국과 미국에서는 리큐어를 '코디얼(Cordial)'이라고 부르기도 한다. 주로 식후주나 칵테일을 만드는 데 사용되며, 기내에 탑재되는 리큐어 종류는 아래와 같다.

DeymosHR / Shutterstock.com

다양한 종류의 리큐어

기내에 탑재되는 리큐어(Cointreau, Baileys)

3) 와인(Wine)

와인은 포도나무로부터 만든 술이라는 뜻을 지닌 라틴어 '비넘(Vinum)'에서 유래했으며, 프랑스에서는 '뱅(Vin)', 이탈리아에서는 '비노(Vino)', 독일에서는 '바인(Wine)', 미국과 영국에서는 '와인(Wine)' 등으로 불린다. 와인은 포도의 수확연도, 품종, 생산지 등에 따라 향과 맛의 차이가 있으며 요리와 조화를 이루는 식중주로 기내에서 식사와 함께 서비스되고 있다.

(1) 색깔에 따른 분류

레드 와인(Red Wine)

적포도를 짜서 만든 포도즙을 일정시간 그대로 두어 만든 와인으로, 껍질, 씨와 함께 양조통에서 발효시킨 다음 압착해 만든다. 타닌(Tannin)이 우러나기 때문에 맛이 시고 떫다.

화이트 와인(White Wine)

청포도를 원료로 하여 씨와 껍질을 제거한 과즙을 이용해 만들거나 드물게 적포도 품종으로도 만든다. 껍질을 제거하는 과정을 거쳐 과즙만을 발효시키는 특징이 있다. 레드 와인에 비해 가볍고 상큼하며 신선한 맛을 낸다.

다양한 종류의 와인

기내 와인 카트(Wine Cart) 내 와인 탑재 상태

기내 와인 카트

로제 와인(Rose Wine)

포도 껍질과 과육을 같이 넣고 발효시키다가 색이 우러나오면 껍질을 제거하여 과즙만으로 만든다. 보존기간이 짧아 오래 숙성시키지 않으며, 화이트 와인처럼 차게 해서 마시는 것이 좋다. 분홍빛을 띠나 맛은 신선하고 가벼워서 화이트 와인에 가깝다.

(2) 당도에 따른 분류

드라이 와인(Dry Wine)

양조 시 당분이 남지 않도록 완전히 발효시켜 만든다. 당분이 전혀 함유되지 않거나 당도가 낮아 단맛이 나지 않는 와인이다.

미디엄 드라이 와인(Medium Dry Wine)

단맛이 드라이 와인과 스위트 와인의 중간 정도인 와인이다. 드라이하지만 약간은 스위트한 느낌으로 잔당 함량이 1~2% 미만이어서 '세미 스위트 와인(Semi Sweet Wine)'이라고 하기도 한다. 단맛이 약간 나므로 와인 초보자도 쉽게 마실 수 있다.

스위트 와인(Sweet Wine)

발효과정에서 당분을 완전히 발효시키지 않아 포도당의 단맛이 비교적 많이 남아 있는 와인을 말한다. 보통의 경우 늦게 수확하여 포도의 수분이 줄고 당의 함량이 높아진 포도를 원료로 사용하며, 양조과정에서 가당을 하기도 한다. 스위트 와인은 와인 자체의 단맛이 음식의 맛을 저하하기 때문에 주로 식후에 디저트 와인으로 마신다.

PLUS

레드 와인과 화이트 와인의 제조 과정이 어떻게 다른지 알아볼까요?

와인의 제조 과정을 간략하게 나타내면 아래와 같습니다. 레드 와인과 화이트 와인의 제조 과정에서 가장 큰 차이점은 발효 횟수입니다. 레드 와인은 압착 전에 1번, 압착 후에 1번 하여 총 2번의 발효 과정을 거칩니다. 그러나 화이트 와인은 압착 후 1번만 발효시킵니다.

레드 와인

포도 수확
⬇
제경, 파쇄
⬇
1차 발효
⬇
압착
⬇
2차 발효
⬇
정제
⬇
숙성
⬇
여과
⬇
병입

화이트 와인

포도 수확
⬇
제경, 파쇄
⬇
압착
⬇
발효
⬇
정제
⬇
숙성
⬇
여과
⬇
병입

와인의 제조 과정을 더 자세히 알아볼까요?

1. 포도 수확: 와인을 만들기 위해 가장 먼저 하는 과정입니다.
2. 제경 및 파쇄: 수확한 포도송이가 양조장에 도착하면 분쇄기에 넣어 줄기와 대를 골라내고 알맹이를 으깨는 과정입니다. 화이트 와인을 만드는 청포도는 신선도가 중요하므로 파쇄 이후 1차 발효를 하지 않고 바로 압착으로 넘어갑니다.
3. 1차 발효(레드 와인만 해당): 분리된 포도 알맹이를 껍질째 발효통에 넣어 발효하는 것을 말합니다. 이는 레드 와인에만 적용되는 공정입니다. 1차 발효 시 적포도 껍질에 있는 붉은색이 우러나오고, 포도 껍질에 붙어 있던 효모가 포도의 당분을 알코올로 변환시킵니다.
4. 압착: 프레스에 넣어 포도즙을 짜 내는 과정입니다. 레드 와인은 포도씨까지 으깨어 타닌 성분을 추출하는 반면 화이트 와인은 포도씨가 깨지지 않게 최대한 살살 눌러서 과육의 즙만 짜내는 것이 특징입니다.
5. 2차 발효
   - 레드 와인: 1차 발효 후 얻은 포도즙과 찌꺼기 압착을 통해 얻은 포도즙을 함께 섞어 오크통이나 스테인리스통에서 발효하는 것으로, 이 과정에서 사과산이 효모에 의해 젖산으로 바뀌어 이를 젖산 발효라고도 합니다. 이 과정을 통해 와인의 신맛이 줄고 더 부드러워집니다.
   - 화이트 와인: 화이트 와인은 신선함을 강조하기 위해 보통 스테인리스통을 사용해 발효를 진행하며 온도 조절을 통해 원하는 스타일의 와인을 만들어 냅니다. 하지만 일부 고급 와인은 오크통 숙성으로 묵직한 맛을 내고 장기 숙성이 가능한 와인으로 만들기도 합니다.
6. 정제(앙금 분리): 발효 후 찌꺼기를 분리하여 와인의 맑은 부분만을 옮기는 과정입니다. 기존의 통에서 새로운 통으로 옮기는 작업으로 '통갈이'라고도 합니다.
7. 숙성: 정제된 와인을 새로운 오크통에 넣고 다시 숙성하는 공정으로, 이 기간에 따라 와인의 맛과 향이 달라집니다.
8. 여과: 숙성이 끝난 와인 찌꺼기를 마지막 여과 공정을 통해 걸러냅니다.
9. 병입: 병 속에 담아 소비자에게 판매합니다.

(3) 제조법에 따른 분류

테이블 와인/스틸 와인(Still Wine)

제조과정에서 발생하는 탄산가스를 제거시켜 만드는 비발포성 와인으로, 식중주로 즐기는 대부분의 와인이 여기에 속한다.

발포성 와인(Sparkling Wine)

1차 발효가 끝난 와인에 당분과 효모를 첨가하여 병 안에서 2차 발효를 하여 탄산가스를 용해시킨 와인이다. 가장 대표적인 스파클링 와인이 바로 샴페인(Champagne)인데, 모든 스파클링 와인을 샴페인이라고 하는 것은 아니며 프랑스의 샹파뉴(Champagne) 지역에서 생산된 것만을 샴페인이라고 부를 수 있다. 이 와인은 이탈리아에서는 스푸만테(Spumante), 스페인에서는 카바(Cava), 독일에서는 젝트(Sekt), 영어권에서는 스파클링 와인(Sparkling Wine)이나 버블 와인(Bubble Wine)으로 불린다.

강화 와인(Fortified Wine)

와인 제조 과정에서 브랜디를 첨가하여 알코올 함유량을 높인 주정강화 와인을 말한다. 대표적인 것으로 스페인의 셰리(Sherry), 포르투갈의 포트(Port), 이탈리아의 마데이라(Madeira) 등이 있고 식전주나 식후주로 이용된다.

방향 와인(Aromatized Wine)

와인이 발효하기 전후에 독특한 향신료와 약초 등을 첨가하여 향미를 좋게 한 와인이다. 대표적인 것으로 이탈리아의 스위트 베르무트(Sweet Vermouth), 프랑스의 드라이 베르무트(Dry Vermouth) 등이 있다.

▌ 샴페인과 다양한 방향 와인

monticello / Shutterstock.com

프랑스의 와인 저장고

(4) 생산지에 따른 분류

프랑스 와인

포도 재배에 이상적인 기후와 토양, 그리고 국가에서 법적으로 와인통제장치를 마련해 품질을 엄격하게 관리하기 때문에 '최상급 와인' 하면 프랑스 와인을 손꼽는다. 전국토에 걸쳐 와인을 생산하고 있으며, 기후와 토양이 다양한 특성으로 인해 각 지역에서 생산되는 와인의 특성 또한 다양하다. 대표적인 와인 산지는 보르도(Bordeaux), 부르고뉴(Burgundy), 알자스(Alsace) 등이다.

미국 와인

와인의 역사가 짧음에도 불구하고 포도 재배에 적합한 토질과 좋은 기후 조건, 와인 생산자의 끊임없는 연구와 노력으로 꾸준히 우수한 와인을 생산하고 있다. 주요한 와인 산지는 나파 밸리(Napa Valley)와 소노마 카운티(Sonoma County)이다.

이탈리아 와인

지중해 연안에 자리 잡은 지정학적 위치로 일조량이 많아 와인 제조에 알맞은 포도가 많이 열리고 타닌이 많아 Body감을 주는 와인이 생산된다. 대표적인 와인 산지는 토스카나(Toscana), 피에몬테(Piemonte), 베네토(Veneto)이다.

스페인 와인

무더운 기후와 건조한 산악지대 국가로, 어느 나라보다 넓은 지역에서 포도를 생산하지만 주로 고산지대에서 생산하며, 포도나무의 수령이 오래되고 포도밭에 포도와 다른 작물을 혼합하여 재배하기 때문에 단위 면적당 포도주 생산량은 적은 편이다. 스페인을 대표하는 주정강화 와인인 셰리(Sherry)가 유명하며 상급 와인이 생산되는 지역은 헤레즈(Jerez), 리오하(Rioja), 몬티야(Montilla), 카탈로니아(Catalonia) 등이다.

독일 와인

독일에서 재배되는 포도는 날씨가 춥고 일조량이 부족한 기후의 특성으로 당분 함량이 낮고 산도가 높다. 독일 와인의 85%를 화이트 와인이 차지하는, 세계 최고의 화이트 와인 생산국이다. 와인 산지로는 라인(Rhine), 모젤(Mosel) 등이 유명하다.

(5) 포도 품종에 따른 분류

와인의 주재료인 포도의 품종은 크게 레드 와인을 만드는 품종과 화이트 와인을 만드는 품종으로 나뉜다. 레드 와인의 대표적인 품종은 카베르네 소비뇽, 메를로, 피노누아, 시라, 가메이고, 화이트 와인의 대표적인 품종은 샤르도네, 소비뇽 블랑, 리슬링, 게뷔르츠트라미너, 세미용이다.

다양한 포도의 품종

카베르네 소비뇽(Cabernet Sauvignon)

껍질의 색이 진하고 두꺼워 타닌과 산도가 높으며 포도주의 빛깔도 진하고 향이 풍부하다. 블랙커런트나 블랙체리 같은 검은 과일류의 향과 피망이나 민트와 같은 허브향 등 복합적인 풍미를 낸다.

메를로(Merlot)

카베르네 소비뇽보다 타닌 맛이 더 적어 부드럽고 과일 향이 풍부하며, 주로 카베르네 소비뇽과 블렌딩하여 바디감과 부드러움을 부여한다. 블랙베리와 흑자두 같은 검은 과일의 향과 오크통에서 숙성한 경우 향신료향, 바닐라향 등의 복합적인 향을 낸다.

피노누아(Pinot Noir)

타닌과 신맛이 약하며 빛깔은 맑고 엷은 붉은색을 띤다. 딸기, 라즈베리, 체리 같은 붉은 과일의 풍미를 지닌다.

시라(프랑스 Syrah) 또는 쉬라즈(호주 Shiraz)

껍질은 푸른빛이 도는 검은색이며 과육이 아주 연하고 즙이 많다. 바디감이 있고 알코올과 타닌 함량이 높으며 밸런스가 좋은 풍성한 맛과 과일 향을 낸다.

가메(Gamay)

껍질이 얇아 타닌이 적기 때문에 신선하고 가벼운 와인을 생산한다. 딸기, 레드 체리, 라즈베리와 같은 붉은 과일의 향을 낸다.

샤르도네(Chardonnay)

오크통의 사용 여부에 따라 다양한 향을 낸다. 과일 향이 풍부한 드라이한 것부터 질감이 부드럽고 바닐라 풍미가 뚜렷한 향까지 다양하다.

소비뇽 블랑(Sauvignon Blanc)

산도가 높고 구즈베리, 엘더플라워 꽃향기, 라임, 레몬, 자몽의 감귤류향, 잔디향, 피망향 등을 낸다.

리슬링(Riesling)

산도가 높고 과일, 꽃 등의 향을 낸다. 드라이 와인부터 달콤한 아이스와인과 귀부와인, 스파클링 와인까지 다양한 스타일의 와인이 만들어진다.

게뷔르츠트라미너(Gewuurztraminer)

장미와 향신료, 과일 등의 향을 낸다. 무거운 바디감에 알코올 도수가 높고 산도가 낮다.

세미용(Semillon)

포도가 설익었을 때에는 소비뇽 블랑과 같은 피망향이 나지만, 잘 익었을 때에는 무게감 있고 질감이 두꺼운 와인이 된다. 소비뇽 블랑과 블렌딩되어 바디감과 복합적인 풍미를 낸다. 산도가 낮고 껍질이 얇으며 보트리스 곰팡이에 매우 취약하여 스위트한 귀부와인으로도 만들어진다.

와인과 음식의 조화(Paring)

일반적으로 레드 와인은 붉은빛의 육류(Red Meat)에 어울리고 화이트 와인은 굴이나 생선 등과 같은 흰빛의 육류(White Meat)에 어울린다.

레드 와인과 스테이크

화이트 와인과 연어요리

와인은 서양식 코스별로 제공되는 음식(Light → Heavy → Light, Dry → Sweet)과 조화를 이루는 것으로 선택하도록 한다. 그리고 일반적으로 와인의 맛을 기준으로 할 때에는 다음 순으로 즐기는 것이 좋다.

- White Wine → Red Wine
- Dry Wine → Sweet Wine
- Light Body → Full Body
- 덜 숙성된 와인 → 오래 숙성된 와인

PLUS

기내에서 와인을 서비스하는 방법에 대해 알아볼까요?

와인을 서비스하기 전에 포도 품종과 생산지 등의 기본 정보를 잘 알아 두어야 합니다. 또 식사 메뉴와의 조화를 고려하여 승객이 원하는 와인을 선택할 수 있도록 안내하며 서비스할 때에는 다음 사항에 주의해야 합니다.

- 와인 라벨을 승객에게 잘 보여 드리고, 주문한 와인이 맞는지 다시 확인합니다.
- 시음하실 수 있도록 잔에 1온스 정도를 따릅니다.
- 승객이 시음하실 때에도 와인 정보를 확인하실 수 있도록 라벨을 계속 보여 드립니다.
- 와인을 일정량 따른 후에는 따르기를 멈추고 병 입구를 살짝 올려서 돌려 주어 병목에 와인 방울이 흐르지 않게 하는 일명 'Stop & Twist'를 하고 마지막으로 병의 라벨을 한 번 더 보여 드리고 서비스합니다.
- 와인은 잔에 1/3 정도가 남으면 리필(Refill) 서비스를 진행합니다.

PLUS

보르도 와인 라벨은 어떻게 읽어야 할까요?

Shawshots / Alamy Stock Photo

① 와인의 병입 지역(생산지): 샤토(와이너리)에서 와인을 병입했음을 의미

② 와인의 이름: CHATEAU MARGAUX(샤토 마고)

③ 와인의 등급: GRAND VIN은 프랑스 와인의 최고 등급을 의미

④ 빈티지: 포도의 수확연도로 1978년에 수확한 포도로 만들었다는 의미

⑤ 지역 와인 등급: 1등급을 의미

⑥ AOC 등급 표기: MARGAUX(마고) 지역의 포도로 만든 와인이라는 것을 정부에서 보증한다는 의미

4) 칵테일(Cocktail)

칵테일은 두 가지 이상의 술을 섞거나 탄산음료, 주스, 향신료 등과 같은 부재료를 혼합하여 만든 음료이다. 색깔, 향, 맛이 조화를 이루는 예술적 감각음료로, 알코올 도수가 낮고 식욕을 증진해 주는 효과가 있어 식전주(Aperitif)로 적합하다. 기내에서는 다양한 리쿼류를 혼합하여 승객들에게 칵테일을 서비스하고 있다.

▌ 다양한 칵테일

(1) 칵테일의 기본 요소

Base

칵테일의 기본이 되는 알코올 음료로, Base에 따라 칵테일의 종류를 분류할 수 있다. 위스키, 진, 보드카, 럼, 테킬라 등의 종류가 있다.

Mixer

칵테일의 Base와 섞이는 음료로, 청량감을 높이거나 알코올 음료를 마시기 쉽게 부드럽게 만들어 준다. 탄산음료, 소다워터, 진저에일, 토닉워터, 과일주스 등의 종류가 있다.

Garnish

칵테일의 맛과 향을 더 좋게 하거나 칵테일을 더욱 돋보이게 하는 장식이다. 체리, 올리브, 레몬, 오렌지, 파인애플 등의 종류가 있다.

(2) 칵테일 제조법 5가지

칵테일을 만드는 다양한 방법 중 가장 많이 사용하는 다음의 5가지 방법은 기본적으로 알아야 한다.

- Shake: 셰이커(Shaker)에 재료를 넣고 흔들어 혼합하는 방법이다.
- Stir: 믹싱 글라스(Mixing Glass)에 얼음과 재료를 담고, 바 스푼으로 여러 번 저어 얼음을 걸러낸 다음 내용물만 따라내는 방법이다.
- Float: 비중이 다른 두 가지 이상의 음료가 섞이지 않도록 층을 만들어 띄우는 방법이다.
- Build: 글라스에 직접 재료를 넣어 만드는 방법이다.
- Blend: 전기Blender를 사용하여 재료와 잘게 부순 얼음을 함께 갈아 섞는 방법이다.

다양한 칵테일의 제조 도구와 모습

칵테일 제조 도구

셰이킹하는 모습

플로팅하는 모습

(3) 기내 주요 칵테일 제조법

Whisky Base 칵테일

<table>
<tr><th>Name</th><th>Glass</th><th>Base</th><th>Mixer</th><th>Garnish</th></tr>
<tr><td>Scotch Soda</td><td>T</td><td>Scotch Whisky
1~1.5oz[1]</td><td>Soda Water</td><td>×</td></tr>
<tr><td colspan="5">• 잔에 얼음과 위스키를 넣고 소다워터로 채운 후 잘 젓는다.</td></tr>
<tr><td>Whisky Sour</td><td>W</td><td>Blended Whisky
1~1.5oz</td><td>Lemon/J 0.3oz
Sugar 1tsp
Soda Water 1oz</td><td>Lemon/S
Cherry</td></tr>
<tr><td colspan="5">• 세이커에 얼음, 위스키, 레몬주스, 설탕 1티스푼을 넣고 흔든다.
• 잔에 Strain[2] 한 후 소다워터 1oz를 넣어 2~3회 잘 저은 다음 장식한다.</td></tr>
<tr><td>Bourbon Coke</td><td>T</td><td>Bourbon Whisky
1~1.5oz</td><td>Coke</td><td>×</td></tr>
<tr><td colspan="5">• 잔에 얼음과 위스키를 넣고 콜라로 채운 후 잘 젓는다.</td></tr>
<tr><td>Manhattan</td><td>C</td><td>Bourbon Whisky
1~1.5oz</td><td>Sweet
Vermouth 0.7oz
Angostura
Bitter 1dash</td><td>Cherry</td></tr>
<tr><td colspan="5">• 믹싱 글라스에 얼음, 위스키, Sweet Vermouth, Angostura Bitter를 넣고 잘 젓는다.
• 잔에 Strain한 후 장식한다.</td></tr>
</table>

J: Juice, S: Slice, T: Tumbler Glass, C: Cocktail Glass, W: Wine Glass

1 음료의 측정 단위로 1oz(온스)는 약 30ml이다.
2 얼음으로 내용물을 차갑게 한 후 얼음을 걸러 잔에 따라 주는 것이다.

▌ 다양한 칵테일

Gin Base 칵테일

Name	Glass	Base	Mixer	Garnish
Gin Tonic	T	Gin 1~1.5oz	Tonic Water	Lemon/S
• 글라스에 얼음과 진을 넣고 토닉워터를 채운다. • 잘 저은 후 장식한다.				
Martini	C	Gin 1.5oz	Dry Vermouth 0.7oz	Olive
• 믹싱 글라스에 얼음, 진, Dry Vermouth를 넣고 잘 젓는다. • 잔에 Strain한 후 장식한다.				
Orange Blossom	C	Gin 1.5oz	Orange/J 1.5oz Sugar 1tsp	×
• 셰이커에 얼음, 진, 오렌지주스, 설탕 1티스푼을 넣어 잘 흔든다. • 잔에 Strain한다.				
Tom Collins	T	Gin 1.5oz	Lemon/J 0.3oz Soda Water	Lemon/S Cherry
• 셰이커에 얼음, 진, 레몬주스, 설탕 1티스푼을 넣어 잘 흔든다. • 잔에 Strain한 다음 소다워터로 잔을 채운다.				

J: Juice, S: Slice, T: Tumbler Glass, C: Cocktail Glass

Vodka Base 칵테일

Name	Glass	Base	Mixer	Garnish
Bloody Mary	T	Vodka 1~1.5oz	Tomato/J Worcestershire Sauce Tabasco Sauce Salt & Pepper	Lemon/S
• 잔에 우스터소스, 타바스코소스 2~3방울, 소금, 후추를 잘 섞는다. • 얼음, 보드카, 토마토주스를 넣고 잘 저은 후 장식한다.				
Screw Driver	T	Vodka 1~1.5oz	Orange/J	Orange/S
• 잔에 얼음, 보드카, 오렌지주스를 넣고 잘 저은 후 장식한다.				
Vodka Tonic	T	Vodka 1~1.5oz	Tonic Water	×
• 잔에 얼음, 보드카를 넣고 토닉워터로 채운 후 잘 젓는다.				

J: Juice, S: Slice, T: Tumbler Glass

PLUS

기내에서 칵테일을 서비스하는 방법에 대해 알아볼까요?

칵테일은 종류가 많고 제조법이 다양합니다. 따라서 종류별로 칵테일의 기본적인 제조법을 잘 알아 두고 익혀 신속하고 정확하게 서비스할 수 있어야 합니다. 칵테일을 서비스할 때에는 다음 사항에 주의해야 합니다. 특히 칵테일을 서비스한 후에 승객에게 칵테일에 만족했는지 여부를 묻는 것을 잊지 말아야 합니다.

- 칵테일은 항상 차가운 온도(4~6도)로 서비스되도록 합니다.
- 칵테일의 양은 On The Rocks용으로는 2온스 정도, Straight용으로는 1온스 정도가 적당합니다.
- Straight로 만들 때에는 입가심 음료인 체이서(Chaser)를 함께 준비합니다.
- 얼음은 깨끗하고 단단한 것을 사용하고, 녹은 얼음은 칵테일의 농도를 묽게 하므로 사용하지 않습니다.
- 얼음과 함께 서비스할 때에는 Muddler를 같이 준비합니다.
- 설탕이 들어가는 칵테일은 충분히 저어 설탕을 녹인 후 얼음을 넣습니다.
- 탄산이 들어간 Mixer를 사용할 경우 너무 많이 저어 탄산이 빠져나가지 않도록 합니다.
- Garnish를 이용해 장식할 경우 바싹 마르지 않은 신선한 상태의 것을 사용합니다.
- 칵테일 서비스 후 승객의 만족도와 더 마실지 여부를 확인한 후, 원하는 경우 추가로 서비스합니다.

3. 기내 비알코올 음료의 분류

기내에서 서비스되는 비알코올 음료는 알코올이 함유되지 않은 것으로, 크게 청량음료, 영양음료, 기호음료로 나눈다. 기내에 탑재되는 다양한 비알코올 음료의 종류와 특징을 잘 숙지하여 승객에게 서비스할 수 있도록 한다.

1) 청량음료(Soft Drink)

청량감을 높이기 위해 탄산가스를 첨가한 음료로, 차갑게 칠링(Chilling)하고 얼음을 넣어 서비스한다. 천연 또는 인공감미료를 첨가시킨 것과 천연 과즙에 탄산가스를 첨가시켜 만든 것이 있다. 종류에는 탄산수, 콜라(Coke), 사이다(Cider), 소다수(Soda Water), 진저에일(Ginger Ale), 토닉워터(Tonic Water) 등이 있다.

Poparctic / Shutterstock.com

PhotoTodos / Shutterstock.com

Art Konovalov / Shutterstock.com

2) 영양음료(Nutritious Drink)

건강에 도움을 줄 수 있는 영양성분이 함유된 음료를 말하며, 각종 과일이나 야채를 원료로 하는 주스류와 우유 등이 여기에 속한다. 종류에는 오렌지주스, 포도주스, 파인애플주스, 토마토주스, 구아바주스, 사과주스, 우유 등이 있다.

기내에 탑재되는 다양한 음료

사과주스

토마토주스

오렌지주스

3) 기호음료(Coffee & Tea)

영양을 보충하기보다는 깊은 향과 맛으로 심신의 여유를 누리는 '기호 충족' 면에서 즐기는 음료이며, 식전이나 식후에 즐겨 마시는 커피 및 차(Coffee & Tea)가 여기에 속한다. 커피(Coffee)의 종류에는 브루(Brew) 커피, 인스턴트 커피, 디카페인 커피, 에스프레소 커피 등이 있으며 차(Tea)의 종류에는 홍차, 녹차, 인삼차, 허브차, 우롱차, 둥글레차 등이 있다.

▌ 기내에 탑재되는 커피 팩과 다양한 차

Question & Answer

1. 기내 알코올 음료를 제조 방법에 따라 분류하고 각각의 특징을 설명해 봅시다.

2. 기내에서 위스키를 서비스하는 방법에 대해 설명해 봅시다.

3. 레드 와인과 화이트 와인의 제조 과정을 설명해 봅시다.

4. 칵테일 제조법 5가지에 대해 설명해 봅시다.

Level up Role Play 1

상황 **승객이 승무원이 모르는 칵테일을 주문한 상황**

Tip

- 승객에게 정중하게 칵테일 레시피를 알려 달라고 말한다.
- 기내에 칵테일 제조에 필요한 재료들이 있다면 만들어서 서비스한다.
- 그 재료들이 없다면 다른 칵테일이나 음료를 권한다.
- 승객 하기 시까지 세심하게 응대한다.

응대 방법

응대 대화문

Level up Role Play 2

상황 **기내 음료 서비스 도중 토마토주스를 엎지른 상황**

Tip

- 우선 진심으로 사과를 한다.
- 티슈나 타월을 이용해 더 이상 오염되지 않도록 조치를 취한다.
- 이 상황을 주변 동료들과 공유하고 사무장에게 보고한다.
- 승객 하기 시까지 세심하게 응대한다.

응대 방법

응대 대화문

기내 음료 서비스

CHAPTER 03

학습목표

- 타월 서비스를 준비하고 주의사항을 숙지하여 서비스할 수 있다.
- 기내 음료 서비스를 준비하고 주의사항을 숙지하여 서비스할 수 있다.

Airline News!

"비행기야 카페야?" …
여행에 목마른 발길 이어져 매출 60% 상승

에어서울은 비행기 기내로 꾸민 '에어서울 커피빈 라운지'를 개장하여 6개월 동안 한시적으로 운영한다. 이곳에 오면 기내에서 그대로 옮겨 온 비행기 좌석에 앉아 항공기처럼 동그란 창문과 에어서울 여행지 책자도 볼 수 있다. 또 기내식 콘셉트의 메뉴를 주문하면 기내용 트레이와 캐서롤, 커틀러리 세트가 제공된다. 해외여행의 분위기를 만끽하려는 사람들의 큰 호응을 얻으며 커피숍 매출이 직전 대비 60%가량 증가했다.

출처: 세계일보 2021.12.11.

비행기가 이륙한 후에 승무원들의 갤리 브리핑이 끝나면 타월과 식전 음료 서비스 절차를 진행한다. 이와 같은 업무를 수행하기 위해 타월 및 음료 서비스의 기본자세와 원칙만이 아니라 준비 및 제공에 필요한 업무 지식을 잘 숙지하여 승객에게 서비스할 수 있도록 한다.

▌ 기내 음료 서비스 절차

타월 제공 (Towel Service)	➜	타월 회수 (Towel Collect)	➜	식전 음료 제공 (Aperitif Service)	➜	식전 음료 회수 (Aperitif Collect)

1. 타월 서비스

식사 서비스가 시작되기 전에 서비스되는 타월은 비행 노선과 식사 타입에 따라 일회용 타월(Disposable Towel)과 면 타월(Cotton Towel)로 나뉘며 각각의 준비 및 서비스 방법은 아래와 같다.

1) 타월 준비

(1) 일회용 타월(Disposable Towel)

- 일회용 타월을 준비하는 방법은 항공사마다 상이하며, 기내식 Tray에 Pre-setting 된 것을 서비스하기도 한다.
- 따로 탑재된 경우 담당구역 탑승 승객 수에 맞게 타월 바스켓에 가지런히 담아 준비한다.

(2) 면 타월(Cotton Towel)

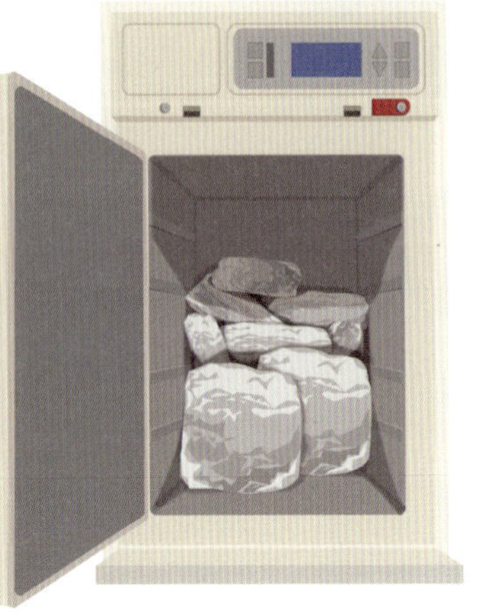

- 면 타월을 오븐에 히팅(Heating)하기 전에 적정한 수분의 정도, 청결 상태 등을 확인하고, 면 타월이 건조하여 습기가 부족한 경우 적당량의 물을 골고루 부어 히팅한다.
- 면 타월 Pack을 오븐에 넣고 'Medium'에서 20~25분 정도 히팅한다.
- 히팅한 면 타월은 타월 바스켓에 30개 정도의 적정량을 담고, 타월용 스프레이를 골고루 뿌려 Towel Tongs와 함께 준비한다.
- 서비스하기 직전에 온도, 습도, 냄새를 다시 한번 확인한다.

2) 타월 서비스 및 회수

(1) 일회용 타월(Disposable Towel)

- 서비스 순서는 기종별로 정해진 Service Flow에 따라 담당구역별로 진행한다.
- 손으로 집어 하나씩 서비스한다.
- 회수 시에는 승객이 직접 타월 바스켓에 담도록 유도한다.

(2) 면 타월(Cotton Towel)

- 서비스 순서는 각 기종별로 정해진 Service Flow에 따라 담당구역별로 진행한다.
- 한 손의 손비닥을 위로 하여 타월 바스깃의 아랫부분을 빋치고, 다른 손으로 Towel Tongs를 이용하여 면 타월이 둥글게 말린 형태로 그대로 제공한다.
- 면 타월이 뜨거울 수 있으니 승객이 놀라지 않도록 주의사항을 안내한다.
- 회수 시에는 사용한 면 타월을 승객이 직접 타월 바스켓에 담도록 유도하고, 승객이 담아 주지 않는 경우 Towel Tongs를 이용하여 회수한다.
- Towel Tongs는 사용하지 않을 경우 타월 바스켓 아랫부분에 놓도록 한다.
- 회수한 타월은 별도로 보관했다가, 도착 후 지상 조업원에게 인계하여 하기하도록 한다.

타월 서비스 대화문

승무원 : 손님, 타월을 준비해 드리겠습니다. 테이블을 열어 주시겠습니까?

승객 : 네.

승무원 : 뜨겁습니다. 조심하십시오.

승무원 : 손님, 타월을 회수하겠습니다. 감사합니다.

2. 식전 음료(Aperitif) 서비스

타월 서비스가 끝난 후에, 식전 음료를 준비하여 승객들에게 서비스한다. 식전 음료는 식사 전에 식욕을 돋우는 역할을 하는 Aperitif 개념으로, 비행 노선, 출발 시간, 식사 시간대에 따라 서비스하는 방식이 다르다.

최근 항공사에서는 일반석에서 식전 음료(Aperitif) 서비스를 별도로 진행하지 않고 비행 노선과 식사 타입에 따라 서비스할 Meal Cart 상단에 음료를 세팅(Setting)하는 방식과 이륙 후 식사 서비스가 바로 이루어지지 않는 노선에서 Tray Basis 방식으로 음료를 서비스한다. 각 방식의 준비 및 서비스 방법은 아래와 같다.

Chalabala / 500px / Getty Images

1) 식전 음료 준비

(1) Cart Presentation

- 서비스할 Meal Cart 상단에 음료의 상표가 승객에게 바로 보이도록 주스류, 청량 음료, 와인, 물, 컵, 리넨 등을 세팅(Setting)한다.
- 아침식사(Breakfast)와 브런치(Brunch)의 경우 차가운 음료(Cold Beverage) 이외에 커피 및 차 등의 뜨거운 음료(Hot Beverage)를 함께 준비한다.
- 카트 위에 세팅된 음료를 승객이 보고 선택할 수 있도록 상품 로고가 승객을 향하도록 배치한다.

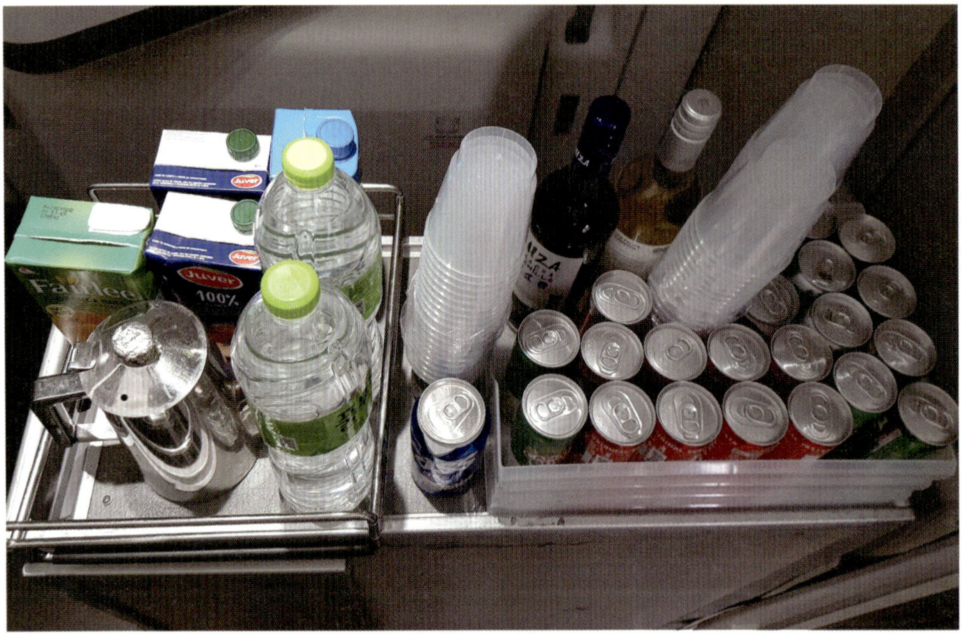

Cart Presentation 예시

(2) Tray Basis

- 음료를 준비할 때 컵의 청결도와 파손 여부를 한 번 더 점검한다.
- Large Tray에 음료수가 담길 컵을 일정 간격을 두고 배열한다.
- 보통 선호도가 높은 주스와 생수 등을 종류별로 준비하고, 한쪽에 칵테일 냅킨의 로고가 승객이 보았을 때 정방향이 되도록 준비한다.

Tray Basis 예시

(3) 음료 준비 시 유의사항

- 기내에서 서비스되는 음료의 종류에 따라 각각 적당한 온도로 준비한다.
- 시원하게 서비스해야 하는 음료는 시원하게, 뜨겁게 서비스해야 하는 음료는 뜨겁게 준비한다.
- 칠링(Chilling)이 필요한 음료는 드라이아이스, Ice Drawer, 기내 냉장고를 이용하여 준비하되 드라이아이스를 이용하는 경우 지나치게 칠링되지 않도록 각별히 주의한다.
- 주스, 우유 등과 같은 기내 음료는 제조일자나 유통기한을 확인한다.
- 커피(Coffee), 차(Tea)를 서비스하는 팟(Pot)은 청결도를 확인하고 뜨거운 물(Hot Water)을 담아 Warming해서 준비한다.
- 서비스에 사용되는 컵의 청결 상태와 파손 여부를 점검한다.

2) 식전 음료 서비스

(1) Cart Presentation

- 서비스 순서는 각 기종별로 정해진 Service Flow에 따라 담당구역별로 진행한다.
- 서비스 시에는 카트 하단의 붉은 페달을 밟아 카트를 고정해 둔다.
- 승객에게 서비스되는 음료의 종류를 간략히 설명한 후 주문을 받는다.
- 음료를 서비스할 때에는 위생상 컵의 하단 부분을 잡고 승객의 입이 닿는 컵의 상단 부분은 만지거나 손이 닿지 않도록 주의한다.
- 카트를 이동시킬 때에는 녹색 페달을 밟아 고정 장치를 해제한다.

카트(Cart)의 고정과 이동

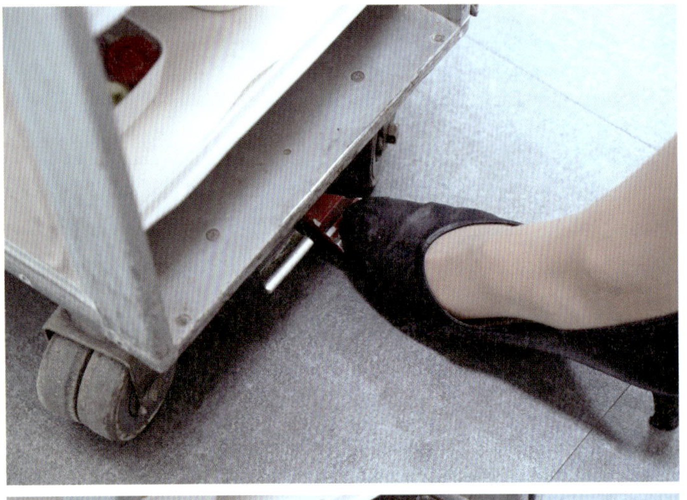
서비스 시 붉은 페달 이용

카트 이동 시 녹색 페달 이용

Cart Presentation 서비스 대화문

음료를 안내하는 일반적인 경우

승무원 : 손님, 음료를 준비해 드리겠습니다. 테이블을 열어 주시겠습니까?

승객 : 네.

승무원 : 와인, 맥주, 주스류, 탄산음료가 준비되어 있습니다. 어떤 것으로 하시겠습니까?

승객 : 오렌지주스 주세요.

승무원 : 말씀하신 오렌지주스를 준비해 드리겠습니다. 맛있게 드십시오.

승객이 맥주를 요청하는 경우

승무원 : 준비된 맥주는 하이트, 카스, 버드와이저입니다. 어떤 것으로 하시겠습니까?

승객 : 카스 주세요.

승무원 : 말씀하신 카스를 준비해 드리겠습니다. 맛있게 드십시오.

승객이 위스키를 요청하는 경우

승무원 : 스카치 위스키로는 ○○○이 있으며, 아메리칸 위스키로는 ○○○이 있습니다. 어느 것으로 하시겠습니까?

승객 : 스카치 위스키 On The Rocks로 주세요.

승무원 : 네, 알겠습니다. 스카치 위스키 On The Rocks로 준비해 드리겠습니다.

승객이 위스키를 Straight로 요청하는 경우

승객 : 아메리칸 위스키 Straight로 주세요.

승무원 : 함께 드실 물이나 다른 음료가 필요하십니까?

승객 : 클럽소다 부탁드립니다.

승무원 : 네, 알겠습니다. 아메리칸 위스키 Straight로 클럽소다와 함께 준비해 드리겠습니다.

알코올성 음료 제공 규정

- 만 19세 미만의 미성년 승객에게는 알코올성 음료를 제공하지 않는다.
- 기내에서 서비스한 알코올성 음료를 마시지 않고 반출하려는 의도를 가진 승객에게는 알코올성 음료를 제공하지 않음을 정중히 안내한다.
- 항공사에서 서비스로 제공하지 않는 알코올성 음료(승객이 외부에서 반입 또는 면세품으로 구입한 알코올성 음료)는 기내에서 마시지 않도록 안내한다.
- 알코올성 음료를 3회 이상 제공한 승객은 이후 행동을 잘 관찰하고 특이사항이 있을 경우에는 객실 승무원 간에 정보를 공유한다.
- 편승 승무원을 포함하여 제복을 착용한 항공사 직원에게는 알코올성 음료를 제공하지 않는다.

(2) Tray Basis

- 서비스 순서는 각 기종별로 정해진 Service Flow에 따라 담당구역별로 진행한다.
- 승객에게 Tray에 준비된 음료를 소개한다.
- 음료수가 준비된 Large Tray는 칵테일 냅킨이 놓인 쪽이 승객 쪽으로 향하도록 하고, 승객이 음료와 칵테일 냅킨을 직접 집을 수 있도록 Tray를 팔걸이까지 안정감 있게 낮춘다.
- Tray에 세팅된 음료수가 소진되어 가면 갤리에서 다시 준비해 서비스한다.
- 준비되지 않은 음료를 주문받을 경우, 잠시 기다려 달라고 양해를 구하고 갤리에서 준비해 서비스한다.

Tray Basis 서비스 대화문

승무원 : 손님, 음료 준비해 드리겠습니다. 테이블을 열어 주시겠습니까?

승객 : 네.

승무원 : 준비된 음료는 오렌지주스, 토마토주스, 생수입니다. 어떤 것으로 하시겠습니까?

승객 : 오렌지주스 주세요.

승무원 : 여기 있습니다. 감사합니다. 맛있게 드십시오.

(3) 식전 음료 서비스 시 유의사항

- 창가 측 좌석의 승객부터 주문을 받아 서비스하며, 남녀 승객이 같이 앉아 있을 경우는 여자 승객에게 먼저 주문받고 먼저 제공한다.
- 어린이 동반 승객이나 노인 승객이 같이 앉아 있을 경우 상황에 따라 먼저 주문받고 먼저 제공한다.
- 승객과 마주 보았을 때 왼쪽 승객에게는 왼손으로, 오른쪽 승객에게는 오른손으로 제공하되, 무겁거나 뜨거운 것을 제공할 때에는 사용하기 편한 손으로 제공해도 무방하다.
- 창가 측 또는 안쪽 승객에게 서비스 시, 통로 측 승객의 공간을 거쳐서 서비스하게 되므로 통로 측 승객에게 사전 양해를 구한다.
- 음료는 컵의 7~8부를 채워 서비스한다. 기내 난기류 발생 시 및 어린이 승객에게 음료를 제공할 때에는 컵의 1/2 또는 2/3 정도만 채워 서비스하고 안전을 위해 여러 번 나누어 서비스됨을 안내한다. 어린이 승객의 경우 주문한 음료를 컵에 담고 컵 뚜껑을 닫은 후 빨대를 꽂아 서비스한다.
- 컵에 얼음을 넣을 때에는 얼음을 먼저 넣고 음료를 그 위에 따른다.
- 음료를 Can으로 제공할 경우 Can은 컵의 왼쪽에 놓는다.
- 음료는 승객의 오른쪽에 놓고 로고가 새겨져 있는 컵의 경우 로고가 승객의 정면에 오도록 한다.
- 커피, 차 등과 같은 Hot Beverage는 최소 1회 이상 Refill하고 화상에 주의하도록 안내한다.
- 음료를 제공할 때에는 "주문하신 ○○○입니다. 맛있게 드십시오."라고 말씀드려 승객이 주문한 음료임을 확인시켜 준다.

RUBEN M RAMOS / Shutterstock.com

PLUS

Small Tray를 이용한 개별 서비스 및 사용법

Small Tray는 비행 중 승객이 개별적으로 음료를 요청하거나 여러 가지 서비스 물품을 요청할 때 사용하며, 사용 시 다음 사항에 주의해야 합니다.

Small Tray

- 사용하기 전에 Tray Mat를 깔아 서비스 용품이 미끄러지지 않도록 합니다.
- Tray를 잡을 때에는 가슴과 수평이 되도록 잡고, 길이가 긴 쪽이 통로와 평행이 되도록 합니다.
- 승객에게 건넬 때에는 Tray 위치를 팔걸이까지 낮춰 안정감 있게 서비스합니다.
- 빈 Tray를 들고 객실을 이동하는 경우 Tray를 수직으로 세우거나 밑면이 보이게 들지 않도록 합니다.
- 회수 시 Tray를 통로 쪽에 위치시킵니다.
- Tray로 회수한 것은 몸의 가까운 쪽부터 채워 놓고 부피가 크거나 무거운 것은 몸 쪽으로 놓아야 안전합니다.

3) 식전 음료 회수

- 음료를 다 마신 승객에게는 만족도와 더 드실지를 확인한 후 회수하며, 음료를 제공한 방향과 동일한 방향으로 회수한다.
- 제공한 순서와 반대로 통로 측 승객부터 회수하되, 창가 측 승객이 먼저 음료를 다 드신 경우에는 통로 측 승객에게 양해를 구하고 회수한다.
- Tray로 회수 시 Tray의 방향이 통로 쪽에 위치하도록 하여 회수하고, 회수한 컵은 몸에서 가까운 쪽의 Tray부터 채워 가며 놓는다.

식전 음료 회수 시 대화문

승무원 : 손님, 맛있게 드셨습니까? 한 잔 더 드릴까요?

승객 : 아니요, 괜찮아요.

승무원 : 다 드신 컵은 치워 드리겠습니다. 감사합니다.

Question & Answer

1. 면 타월(Cotton Towel) 서비스 준비와 서비스 시 유의점을 정리해 봅시다.

2. 음료 준비 시 유의사항을 정리해 봅시다.

3. 알코올성 음료 제공 시 지켜야 할 규정을 정리해 봅시다.

4. 식전 음료 서비스 시 유의사항을 정리해 봅시다.

Level up Role Play 1

상황 **승객에게 서비스한 음료에서 이물질이 발견된 상황**

Tip

- 정중히 사과한다.
- 즉시 새 음료로 교체하여 제공한다.
- 불편함을 드린 점에 대해 다시 사과한다.
- 승객 하기 시까지 세심하게 응대한다.

응대 방법

응대 대화문

Level up Role Play 2

상황 술을 많이 드신 승객이 술을 더 달라고 요청하는 상황

Tip

- 기내에서는 지상에서보다 훨씬 더 빨리 술에 취한다는 사실을 알린다.
- 술이 깰 수 있게 시원한 물이나 무알코올 음료를 권한다.
- 이 상황을 주변 동료들과 공유하고 사무장에게 보고한다.
- 승객을 계속 모니터링하고 하기 시까지 세심하게 응대한다.

응대 방법

응대 대화문

기내식

CHAPTER 04

학습목표

- 서양식과 기내식을 이해하고 실습할 수 있다.
- 일반식과 Special Meal을 준비하고 주의사항을 숙지하고 서비스할 수 있다.

Airline News!

여행의 설렘이 그리울 때 … 지상으로 착륙한 기내식

여행이 간절하게 그리운 이들에게 최근 항공업계가 여행의 '식도락'을 느끼게 해 줄 기내식을 선보였다. 지난해 진에어가 국내 항공사로는 최초로 기내식을 콘셉트로 하여 국제선 기내식과 동일한 정찬으로 구성된 냉장 HMR(Home Meal Replacement; 가정 간편식) '지니키친 더리얼'을 출시했다. 또 제주항공은 얼마 전에 오픈한 승무원이 운영하는 기내식 체험 카페 '여행의 행복을 맛보다' 1호점이 성황리에 운영되자 석 달 만에 2, 3호점을 연이어 오픈했다.

출처: 매일경제 2021.08.19.

서양식은 유럽과 미국에서 발달한 요리의 총칭으로, 우리나라에서는 유럽이나 미국의 요리가 혼합된 서양식에 다시 우리나라식 요리가 가미되어 현대인의 일상식으로 자리 잡았다. 따라서 기내식의 구성과 메뉴를 이해하기 위해서는 먼저 서양식을 이해해야 한다. 이 장에서는 기내식의 기본인 서양식에 대해 자세히 알아보고 기내식에 대한 이해를 높이고자 한다.

1. 서양식

서양식은 유럽과 미국에서 먼저 발달했으나 프랑스의 서양요리가 유명하여 국제적인 연회에서는 프랑스식 조리법이 사용되고 프랑스식 메뉴로 식사가 구성되는 경우가 일반적이다. 정식 만찬 코스는 17세기경에는 16가지 정도로 진행되었다고 하나 현재는 6~7가지 코스로 간단히 이루어진다.

1) 서양식 메뉴 및 구성

서양식은 코스(Course) 요리로 제공되며, 각 코스별 메뉴는 질서와 미를 중시하며 개성 있는 맛을 추구하는 특징이 있다. 이외에 서양식 코스 요리의 자세한 특징을 알아보면 다음과 같다.

- 식사의 양: Light → Heavy → Light한 순으로 제공된다.
- 식사의 맛: 단맛이 적게 나는 Dry한 맛의 음식에서 시작하여 소화를 촉진시킬 수 있는 Sweet한 맛을 내는 음식 순으로 진행된다.
- 식사의 메뉴: 메뉴가 코스별 및 시간대별로 상이하며 식사의 흐름에 따라 코스별로 제공된다.

서양식 메뉴에는 다음 종류가 있다.

Table d'Hote(타블도테)
정식 메뉴로, 모든 코스가 정해진 가격에 정해진 순서로 제공된다. 메뉴판에 코스별 요리가 상세하게 설명되어 있어 쉽게 이해할 수 있다.

A la Carte(알라카르트)
일품요리로, 다양한 메뉴 중에서 고객이 원하는 메뉴를 선택하여 자유롭게 주문할 수 있다.

Special Menu(스페셜 메뉴)
일명 '주방장 추천 요리'이다. 주방장이 매일 새롭게 구성하여 합리적인 가격에 선보이는 요리로 알찬 구성의 요리를 맛볼 수 있다.

2) 서양식 코스

서양식 코스 요리는 육류나 생선류를 주재료로 하며 스파이스(Spice: 후추, 바닐라, 레몬 등의 향신료)를 첨가하여 조리한다. 재료의 배합과 조리법이 과학적이고 체계적이어서 조리하는 과정에서 재료나 영양분의 손실이 적고, 건열 요리 형태로 조리되므로 향, 모양, 맛의 3박자가 조화를 이루도록 조리법과 메뉴를 구성한다.

서양식 코스 순서

1 빵 (Bread)
2 전채요리 (Hors d'Oeuvre)
3 수프 (Soup)
4 샐러드 (Salad)
5 주요리 (Main Dish)
6 디저트 (Dessert)
7 커피 및 차 (Coffee & Tea)

(1) 빵(Bread)

빵은 음식 고유의 맛을 느낄 수 있도록 혀에 남은 이전 코스 요리의 맛을 씻어내 주므로 처음부터 배부르게 먹지 않는다. 앞으로 제공될 요리를 깊이 음미하기 위해서는 적당량을 취식해야 한다. 앉은 자리에서 왼쪽에 놓인 빵 접시가 본인의 것이며, 빵은 나이프를 사용하지 않고 손으로 잘라 먹는다.

빵의 종류

- 빵은 점심, 저녁과 같은 정찬일 경우 하드 롤(Hard Roll)과 소프트 롤(Soft Roll), 프렌치 바게트(French Baguette), 갈릭 브레드(Garlic Bread) 등으로 제공된다.
- 아침 식사의 경우 소프트 롤 위주로 구성하여 제공된다.
- 크루아상(Croissant), 머핀(Muffin), 브리오슈(Brioche), 대니시 롤(Danish Roll) 등의 종류가 있다.

다양한 종류의 빵

하드 롤(Hard Roll)

소프트 롤(Soft Roll)

갈릭 브레드(Garlic Bread)

크루아상(Croissant)

대니시 롤(Danish Roll)

머핀(Muffin)

(2) 전채요리(Hors d'Oeuvre: Appetizer)

Hors d'Oeuvre(오르되브르)는 전채요리를 의미하며, 음식의 색과 장식이 화려하고 상큼한 신맛과 짠맛의 조화로 주요리를 먹기 전에 입맛을 돋우는 역할을 한다. 또한 계절에 맞는 신선한 재료로 제공되며 Hot과 Cold로 나눠지는데 두 가지 모두를 코스에 내놓는 경우도 있다.

Hors d'Oeuvre의 종류

- 육류(쇠고기나 각종 햄, 살라미, 스모크햄 등)
- 해산물(캐비아, 관자, 홍합, 새우, 훈제연어 등)
- 야채류(트러플 등의 버섯류, 각종 허브 등)

▌ 다양한 전채요리

(3) 수프(Soup)

영양을 균형 있게 섭취하기 위해 국물을 주재료로 하는 음식으로, 주요리를 제공하기 전에 식욕을 촉진하고 음식이 잘 소화되도록 하기 위해 제공된다. 수프는 고기, 가금류, 생선 등의 재료에서 추출한 크림이나 육수를 기초로 한 국물요리이며, 맑은 수프와 진한 수프로 분류할 수 있다.

PLUS

세계 4대 진미가 무엇인지 알아볼까요?

캐비아

송로버섯요리

달팽이요리

- 캐비아(Caviar): 철갑상어의 알로, 씹는 순간 입안에서 터져 나오는 감칠맛과 풍미가 대체 불가능한 진미이며 대표적인 고급 음식으로 알려져 있습니다. 크리미한 질감에 강렬한 감칠맛과 염도 뒤에 올라오는 약간의 비릿함이 특징입니다.
- 거위간(Foie Gras, Goose Liver): 거위간은 단백질, 지방, 비타민 A 등이 함유된 고칼로리식으로 부드럽고 기름지며 느끼한 맛과 고소한 맛을 느낄 수 있습니다.
- 달팽이(Escargot, Snail): 식용 달팽이 요리로, 단단한 껍질 속에 들어 있는 부드러운 속살에 독특한 향과 맛이 있어 입맛을 돋우며, 무기질, 비타민 등 불포화 지방산이 높은 영양식으로 알려져 있습니다.
- 송로버섯(Truffles): 희귀한 버섯류의 일종으로, 메인디시의 향신료로 많이 사용하고, 향유로 만들어 음식의 향을 살리는 데에도 사용합니다.

거위간요리

수프의 종류

- 맑은 수프(Clear Soup): 치킨이나 쇠고기 등의 뼈를 푹 끓이고 걸러내 만든 맑은 수프를 일반적으로 콩소메(Consomme)라고 하며, 주재료에 따라 수프 이름이 바뀐다. 예를 들어 닭고기를 주재료로 한 수프는 치킨 콩소메(Chicken Consomme), 생선을 사용하면 피시 콩소메(Fish Consomme)가 된다.
- 진한 수프(Thick Soup): 걸쭉한 수프로, 특히 육류나 생선, 야채를 기본으로 받아낸 국물에 야채나 곡류 등의 녹말을 넣고 삶아 으깨어 만든 수프를 포타주(Potage)라 한다.

다양한 수프

콩소메(Consomme)

포타주(Potage)

(4) 샐러드(Salad)

채소를 기본으로 여러 가지 드레싱과 어울리도록 구성하여 신선한 상태로 제공해야 한다. 샐러드는 프랑스 코스에서는 주요리 후에 제공하며, 미국식 코스에서는 주요리 전에 제공한다.

샐러드의 4C

- Clean: 샐러드는 깨끗하게 세척된 상태로 제공되어야 한다.
- Crispy: 샐러드의 식감은 아삭하게 준비되어야 한다.
- Cool: 샐러드는 시원한 상태로 제공되어야 한다.
- Colorful: 샐러드의 색채는 화려해야 한다.

다양한 샐러드

(5) 주요리(Main Dish)

기내에서 주요리(Main Dish)로 제공되는 모든 요리를 '앙트레(Entree)'라고 칭하며, 일반적으로 주요리는 해산물요리나 육류요리로 나누어진다. 해산물요리는 육류보다 섬유질이 더 부드럽고 담백하며 열량이 낮고 소화가 잘되며 건강식으로 선호도가 높은 편이며, 생선, 갑각류, 패류 등의 재료로 만들어진다. 육류요리는 단백질, 탄수화물 등 영양소가 풍부하며 대중적으로 가장 선호되며 쇠고기(Beef), 양고기(Lamb), 닭고기(Chicken), 오리(Duck) 등의 재료로 만들어진다.

주요리의 종류

- 코스 메뉴 중 양식의 주요리로는 일반적으로 쇠고기를 구운 비프스테이크가 제공된다.
- 생선의 종류에는 대구(Cod), 연어(Salmon), 참치(Tuna), 농어(Sea Bass), 넙치(Sole), 송어(Trout) 등이 있다.
- 요즈음에는 주요리 중 가벼운 메뉴로 볶음국수나 파스타가 탑재되기도 한다. 면발의 굵기와 모양에 따라 스파게티(Spaghetti), 페투치네(Fettuccine), 펜네(Penne), 링귀니(Linguine) 등 다양한 종류의 면이 있다.

쇠고기의 부위별 명칭

- 안심(Tenderloin): 쇠고기 부위 중 최고로 치는 부위는 필레미뇽(Filet Mignon)이라는 안심으로, 소의 연한 허리살의 명칭이다.
- 샤토브리앙(Chateaubriand): 안심의 필레미뇽과 함께 가장 인기가 좋으며 안심의 꼬리 부분으로 가장 두텁고 크며 맛있는 부위이다.
- 등심(Sirloin): 안심에 못지않게 인기가 좋은 부위이며, 뉴욕주 모양처럼 삼각형으로 생긴 뉴욕 컷(New York Cut)이 대표적인 등심이다.
- 티본스테이크(T–bone Steak): 안심과 등심 사이에 뼈가 붙은 갈비뼈 부근의 고기로, 두 가지 부위의 맛을 볼 수 있어 인기가 많다.

다양한 주요리

안심스테이크

티본스테이크

연어스테이크

대구튀김

(6) 디저트(Dessert)

디저트는 감미 요리로 달콤하고 산뜻한 맛을 내어 식사의 마지막을 화려하게 장식해 준다. 디저트로 그날의 코스 요리에 대한 최종 평가를 내릴 만큼 디저트가 음식에서 차지하는 비중이 커짐에 따라 디저트 부문의 요리사를 별도 채용하여 운영하는 레스토랑이 늘고 있다.

디저트의 종류

- 과일(Fruits): 신선한 계절 과일로 화려한 색감이 돋보이도록 플레이팅(Plating)하여 제공한다.
- 치즈(Cheese): 치즈는 산양이나 소의 젖을 응축하여 만든 고영양 식품으로, 이전 코스인 육류의 맛을 제거할 수 있어 선호된다.
- 스위트 디시(Sweet Dish): 식사의 마지막에 서비스되는 제과, 제빵 종류로, 따뜻한 파이(Pie), 케이크(Cake), 아이스크림(Ice Cream), 셔벗(Sherbet), 푸딩(Pudding), 무스(Mousse) 등이 있다.

▌ 다양한 디저트

치즈(Cheese)

과일

디저트 파이(Pie)

(7) 커피 및 차(Coffee & Tea)

식사 후 마지막 코스로 커피나 차류가 제공된다. 커피는 원두별로 쓴맛, 신맛, 고소한 맛 등의 특징이 있으며, 원두의 품질이 커피 맛을 좌우하므로 많은 레스토랑과 항공사에서도 원두의 선택에 대단한 노력을 기울인다. 홍차, 녹차, 국화차 등 고품질의 차를 제공하여 좋은 맛과 향으로 코스를 완벽하게 마무리하도록 한다.

커피 및 차의 종류

- 커피 원두의 종류는 매우 다양하며 재배 지역과 환경에 따라 원두의 맛이 달라진다.

원두의 종류

- 브라질 산토스: 부드럽고 적당한 신맛과 쓴맛을 가진 원두로, 맛의 밸런스가 좋아 블렌딩 베이스로도 많이 사용된다.
- 과테말라 안티구아: 비옥한 화산재 토양과 일정한 일교차, 낮은 습도에서 재배하는 원두로, 풍부한 바디감과 스모키한 향이 특징이며 강한 신맛이 난다.
- 콜롬비아 수프리모: 콜롬비아 안데스산맥의 고산지대에서 재배하며 진한 향기와 부드러운 맛을 내는 원두로, 세계적으로 유명한 마일드 커피의 대명사로 불린다. 부드러운 신맛과 쓴맛, 감미로운 향이 중량감 있는 맛을 낸다.
- 케냐 AA: 케냐 지역 커피의 최고 등급으로 고산지대에서 재배하며 상큼한 과일 향과 쌉싸름한 맛, 묵직한 바디감을 느낄 수 있다.
- 에티오피아 예가체프: 에티오피아 고산지대에서 재배되며 부드러우면서 진한 꽃향기가 강하며 과일의 부드러운 신맛과 초콜릿의 달콤한 맛까지 겸비하여 와인과 견줄 정도로 깊은 맛을 낸다.

다양한 원두의 종류

- 차의 종류에는 녹차, 홍차, 자스민차, 인삼차 등이 있으며, 일반적으로 알려져 있는 블렌딩된 홍차에는 얼 그레이, 잉글리시 브렉퍼스트, 다즐링 티 등이 있다.

블렌딩된 홍차의 종류

- 얼 그레이(Earl Grey): 베르가모트 오일을 첨가해 맛을 낸 블렌딩 차이다. 쌉쌀하면서 상큼한 풍미가 있고 실론산 홍차와 인도산 찻잎을 블렌딩하여 만드는데, 홍차의 블렌딩 표준이 될 정도로 유명하다. 독특한 향과 진한 구릿빛 색상을 띤다.
- 잉글리시 브렉퍼스트(English Breakfast): 마니아층이 많은 이 홍차는 서로 다른 찻잎을 블렌딩해 만든다. 바디감이 강하지 않아 부담 없이 즐길 수 있고, 맛이 깊으며 감칠맛이 적당하여 우유를 넣어 밀크티로 마시면 부드러움과 고소함을 맛볼 수 있다.
- 다즐링 티(Darjeeling Tea): 인도의 다즐링 지역에서 생산되며 '홍차의 샴페인'이라고 불린다. 일교차가 크고 습도가 높은 곳에서 재배되어 홍차의 맛이 부드럽고 섬세하며 오렌지색을 띠고 꽃향기와 과일 향을 맡을 수 있다.

커피와 다양한 차

커피

녹차

홍차

2. 기내식

기압이 지상보다 20% 정도 낮고 건조한 환경에서 음식을 섭취하기 때문에 뱃속에 가스가 차기 쉽다. 그러므로 기내식은 비교적 소화, 흡수가 잘 되는 음식으로 구성하고 있으며, 식중독을 방지하기 위해 뜨겁게 조리한 음식으로 준비하고 있다.

기내식은 항공 여행객들의 기대치가 가장 높은 서비스이며 기내식의 만족은 항공사의 브랜드 이미지 평가에 적지 않은 영향을 미친다. 따라서 항공사는 고객들의 만족을 위해 3~4개월 주기로 메뉴를 개발, 변경하여 다양화하기 위한 노력을 기울이고 있다.

▌ 다양한 기내식

Sorbis / Shutterstock.com

MoreGallery / Shutterstock.com

1) 기내식 메뉴 및 구성

기내식은 정해진 메뉴인 일반 식사(Meal)와 사전 신청을 받아 제공하는 특별식(Special Meal)으로 구분된다. 항공사는 운항 노선에 따라 선호하는 기내식, 즉 한식, 중식, 일식 등의 현지 음식 메뉴를 선정하여 서비스한다. 서울 출발편 장거리 비행에서 대표적인 한식 메뉴인 비빔밥, 영양쌈밥, 갈비찜 등을 제공하는 등 내국인 승객들이 만족하고 외국인 승객들은 새로운 경험을 할 수 있도록 메뉴를 구성하고 있다. 기내식은 상위클래스에서는 서양식 코스 절차에 따라 제공되고, 일반석에서는 서양식 코스로 서비스되는 여러 요리를 한 트레이에 모아 놓은 한상차림(Pre-set Tray) 형태로 제공된다.

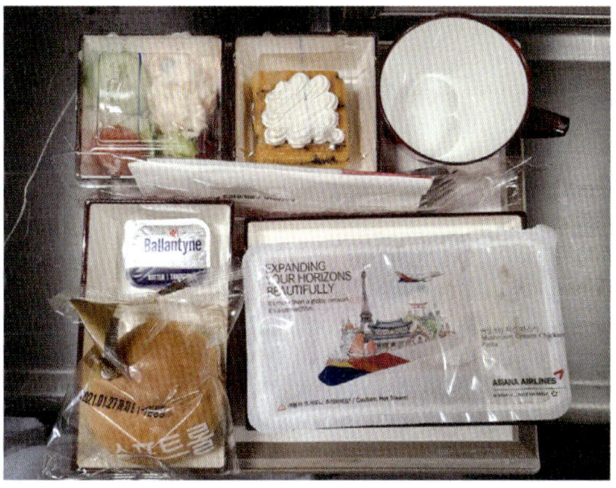

일반석 한상차림 식사 형태

샐러드

빵

과일

식사 트레이(Meal Tray)

PLUS

사고 발생 시 탑승객의 생존력을 높이기 위해 기내식을 고칼로리로 조리하는 건가요?

이러한 풍문이 있으나 사실무근입니다. 비행 중에는 고도가 높아져 혀의 미각이 둔해지기 때문에 튀김이나 볶음 등의 조리법으로 요리하여 기내식이 고칼로리식이 되고 있기는 합니다. 그래서 최근에는 웰빙을 위해 기내식 칼로리를 낮추는 메뉴와 조리법으로 변화를 꾀하고 있습니다.

해외에서 출발하는 경우, 한국 출발행과 같은 메뉴인데 맛이 다를 수 있나요?

같은 메뉴라 해도 생산업체와 식재료가 달라서 같은 맛을 내지 못하는 경우가 종종 있습니다. 그래서 국내 항공사에서는 한국 승객들의 만족을 위해 고추장이나 김치 등의 한국 음식을 함께 서비스하고 있습니다.

기내식 제공 횟수는 어떻게 정하나요?

비행 시간에 따라 기내식 제공 횟수가 달라집니다. 비행 예정시간이 6시간 미만이면 1회, 비행 예정시간이 6시간 이상부터 8시간 미만이면 기내식 1회에 간식 서비스가 시작됩니다. 그리고 비행 예정시간이 8시간 이상이면 기내식 2회에 간식 서비스가 추가됩니다. 일반적인 장거리는 8시간 이상 소요되므로 기내식 2회에 간식 서비스가 제공됩니다.

2) 기내식의 분류

기내식은 비행 시간에 따라 서비스하는 절차가 항공사마다 상이하나, 일반적으로 시간대로 분류하여 기내식의 종류를 결정하고 메뉴를 구성한다. 국내선은 비행 시간이 1시간 이내이므로 음료만 제공하고, 국제선은 단거리와 장거리로 나누어 비행 시간이 2시간 이내일 경우 Cold Meal(차가운 식사)을 제공하고 그 이상일 경우 Hot Meal(뜨거운 식사)을 제공한다.

Cold Meal

Hot Meal

Cold Meal 메뉴는 신선도를 최상의 상태로 유지해야 하며, Hot Meal은 1차 조리 후 냉동 상태로 탑재되므로 히팅 후 적정 온도로 서비스될 수 있도록 항상 온도를 확인하고 서비스해야 한다.

또한 서비스 시간대에 따라 제공되는 기내식의 종류가 달라지므로 비행 전에 정확히 숙지한 후 서비스할 수 있도록 준비한다. 시간대별로 서비스되는 기내식의 종류와 약어는 아래와 같다.

시간대별 기내식 종류와 약어

시간대	종류	약어
05:00~09:00	Breakfast	BRF
09:00~11:00	Brunch	BRCH
11:00~14:00	Lunch	LUH
18:00~22:00	Dinner	DNR
22:00~01:00	Supper	SPR
기타 시간	Snack, Light Meal, Refreshment	SNX

(1) Cold Meal(차가운 식사)

일반적으로 비행 시간이 2시간 이내인 단거리 노선에서는 식사를 히팅(Heating)하여 제공할 수 있는 가용시간이 부족하기 때문에 신속하게 서비스할 수 있는 Cold Meal을 제공한다. Cold Meal은 신선도 유지를 위해 지상에서 탑재될 때 카트 상단에 드라이아이스로 칠링(Chilling)되어 가장 높은 위치에 있는 트레이의 식사가 매우 차가운 경우가 많다. 따라서 서비스하기 전에 냉기를 제거하고 음식의 온도를 확인해야 한다.

다양한 **Cold Meal**

Cold Meal 도시락

Cuteldeas / Shutterstock.com

샌드위치

(2) Hot Meal(뜨거운 식사)

항공사마다 노선별 및 비행 시간별로 식사를 제공하는 기준이 상이하나, 일반적으로 비행 시간이 2시간을 초과하는 단거리 노선을 시작으로 Hot Meal(뜨거운 식사)을 제공한다. 주요리인 앙트레(Entree)는 지상에서 오븐 안에 탑재되며, 식사 트레이에는 전채요리, 디저트, 빵, 따뜻한 음료용 잔, 플라스틱 와인 잔, 식기류 등이 프리세팅(Pre-setting)되어 있다. 이 트레이에 히팅된 앙트레를 세팅하여 서비스할 준비를 한다.

다양한 Hot Meal

MARON_STUDIO / Shutterstock.com

Hot Meal

Picturesque Japan / Shutterstock.com

닭고기 데리야끼와 영양쌈밥

3) 기내식 서비스 원칙

- 주문을 받을 때에는 당일 제공되는 식사의 종류와 특성을 반드시 확인하고 안내한다.
- 승객과 눈높이를 맞추어 공손한 자세로 주문을 받고 승객 앞에서 서비스한다.
- 주문받은 내용을 메모 패드(Memo Pad)나 오더 차트(Order Chart)를 활용하여 정확하게 기록함으로써 주문이 잘못되거나 누락되지 않도록 한다.
- 식음료 추천 시 외래어나 전문용어 사용을 금하고 이해하기 쉽게 설명한다.
- 서비스 준비 시간이 필요한 경우 사유를 설명하고 기다리는 것에 대해 양해를 구한다.
- 식음료를 제공할 때 주문한 내용을 승객과 상호 재확인하여 착오가 없도록 한다.
- 식음료 서비스 중 승객 관련 사항이 생기면 승무원 간 정보 공유를 위해 갤리(Galley) 안에 기록해 놓는다.
- 취침 중이거나 나중에 취식을 원하는 승객의 Meal Tray는 칠러(Chiller)에 보관하고 주요리는 따뜻하게 보관해야 한다.
- 기내식 제공 시에는 창가 측 승객부터 통로 쪽 승객 순으로 서비스하며, 회수 시에는 통로 쪽 승객부터 창가 측 승객 순으로 한다.
- Tray는 승객과 마주본 상태에서 왼쪽 승객에게는 왼손으로, 오른쪽 승객에게는 오른손으로 제공한다.
- 승객 앞에서 Tray를 돌리거나 승객의 머리 위로 Tray를 건네지 않는다.
- 어린이 승객에게도 반말을 사용하지 않도록 주의한다.

3. Special Meal

Special Meal(기내 특별식)이란 승객이 개인의 건강이나 종교 및 연령 등의 이유로 일반식의 취식이 불가한 경우 특별 요청에 의해 제공되는 식사이다. Special Meal은 지상에서 반드시 확인하고 주의사항이 지켜졌는지 지상 담당 직원과 다시 교차 확인하여 누락 및 오탑재가 발생하지 않도록 해야 한다. Special Meal은 일반적으로 항공기가 출발하기 24시간 전까지 홈페이지 또는 서비스 센터로 신청할 수 있다.

Special Meal의 구분

구분	종류
종교식	Kosher Meal(KSML): 유대교식 Hindu Meal(HNML): 힌두교식 Moslem Meal(MOML): 이슬람교식
야채식	Vegetarian Lacto-Ovo Meal(VLML): 서양 채식 Vegetarian Vegan Meal(VGML): 엄격한 서양 채식 Vegetarian Hindu Meal(AVML): 인도 채식 Vegetarian Jain Meal(VJML): 엄격한 인도 채식 Vegetarian Oriental Meal(VOML): 동양 채식 Raw Vegetarian Meal(RVML): 생야채식
건강식	Bland Meal(BLML): 유동식 Diabetic Meal(DBML): 당뇨식 Gluten Intolerant Meal(GFML): 글루텐 제한식 Low Calorie Meal(LCML): 저열량식 Low Fat Meal(LFML): 저지방식 Low Salt Meal(LSML): 저염식 Low Lactose Meal(LLML): 유당 제한식
유아식 및 아동식	Infant Meal(IFML): 영아식 Baby Meal(BBML): 유아식 Infant Child Meal(ICML): 영유아식 Child Meal(CHML): 아동식
기타 특별식	Seafood Meal(SFML): 해산물식 Fruit Platter Meal(FPML): 과일식 Allergen-Free Meal(SPML): 알레르기 제한식

1) 종교식

Kosher Meal(KSML): 유대교식

유대교 승객을 위한 식사로, 전통 율법에 따라 전통 의식을 치른 후 조리해야 하며, 기내 서비스 시 완제품을 구매하여 제공하기 때문에 대체 서비스가 불가한 식사이다. 다른 음식을 만드는 데 사용한 기물이나 장소와는 분리된 상태에서 만들어야 하고 일회용 기물을 사용하는 식기류는 밀봉되어 있다. 금기 식재료는 돼지고기, 조개류, 갑각류 등이다.

Kosher Meal(KSML)은 승객 앞에서 포장을 뜯어야만 해요!

승무원은 식사 탑재 여부를 정확히 확인만 하고 절대로 포장을 뜯어서는 안 됩니다. 밀봉 상태를 승객에게 확인시켜 드린 후 반드시 승객이 직접 개봉하도록 해야 합니다. 주요리의 히팅이 필요한 경우 승객의 허락을 받은 뒤 포일이 찢어지거나 흠집이 생기지 않도록 주의해 히팅한 후 서비스합니다.

ChameleonsEye / Shutterstock.com

g215 / Shutterstock.com

Kosher Meal

땅콩 알레르기가 있는 승객은 식사를 어떻게 할까요?

항공사에서는 땅콩 알레르기가 있는 승객이 많아짐에 따라 땅콩 성분이 함유된 스낵이나 식재료를 사용하지 않고 있으나, 일부 식재료가 땅콩을 가공하는 시설에서 제조된 경우 완전히 제거하기가 어렵습니다. 또한 다른 승객이 땅콩 제품을 반입하는 것 역시 세지할 수 없으므로 완전한 차단을 장담할 수 없습니다. 따라서 해당 승객은 항공편을 이용하기 전에 땅콩 알레르기가 있음을 직원에게 알리고 탑승 수속을 할 때 양식을 작성해야 합니다. 그리고 응급처치를 위한 의료용 주사기를 기내 반입할 때에는 보안상의 이유로 의사소견서가 필요하므로 이 서류도 미리 준비해야 한다는 점을 잊지 마세요!

Hindu Meal(HNML): 힌두교식

힌두교도들을 위한 식사로, 쇠고기와 돼지고기, 송아지고기를 사용하지 않고 생선, 양고기, 가금류, 해산물 등의 재료로 만들어진다.

Moslem Meal(MOML): 이슬람교식

이슬람교를 믿는 회교도를 위한 식사로, 'No Pork Meal'이라고도 부른다. 주로 쇠고기, 양고기 등을 재료로 채소와 쌀밥으로 구성되며, 금기 식재료는 돼지고기 및 돼지고기가 들어 있는 베이컨, 햄류나 알코올류이다.

2) 야채식

Vegetarian Lacto-Ovo Meal(VLML): 서양 채식

채식주의자를 위한 식사로, 가금류, 생선류를 포함한 모든 육류와 동물성 지방, 젤라틴의 사용을 금하나, 계란과 유제품은 허용하는 서양식 채식 메뉴이다.

Vegetarian Vegan Meal(VGML): 엄격한 서양 채식

엄격한 서양 채식주의자용 식사로, 생선류, 가금류, 달걀 및 유제품을 포함한 모든 육류와 동물성 지방을 사용하지 않는 서양식 채식 메뉴이다. 주로 과일, 야채, 곡물류, 견과류로 구성된다.

Vegetarian Hindu Meal(AVML): 인도 채식

인도식 채식주의자를 위한 식사로, 생선류, 가금류를 포함한 모든 육류나 계란을 사용하지 않으나 유제품은 허용하는 인도식 채식 메뉴이다.

Vegetarian Jain Meal(VJML): 엄격한 인도 채식

엄격한 인도식 채식주의자를 위한 식사로, 생선류, 가금류를 포함한 모든 육류나 계란을 사용하지 않고, 마늘, 생강, 양파와 같은 뿌리식품도 사용하지 않는 엄격한 인도식 채식 메뉴이다.

Vegetarian Oriental Meal(VOML): 동양 채식

동양식 채식으로 생선류, 가금류를 포함한 모든 육류와 계란 및 유제품의 사용을 금지하나 양파, 생강, 마늘 등의 뿌리식품을 허용하는 동양식 채식 메뉴이다.

Raw Vegetarian Meal(RVML): 생야채식

가공하지 않은 순수한 생야채와 생과일로 구성되며 유제품과 빵류는 취식 가능한 채식 메뉴이다.

3) 건강식

Bland Meal(BLML): 유동식

소화기능이 저하된 승객에게 제공되는 소화하기 쉬운 가벼운 식사이다. 저지방 음식(저지방 육류, 흰살생선 등)으로 구성하여 부담이 적은 섬유질이나 부드러운 양념을 사용해 만든다. 튀긴 음식이나 강한 향신료, 가스를 유발하는 기름기 많은 음식을 제한한다.

Diabetic Meal(DBML): 당뇨식

열량과 단백질, 지방, 당질의 섭취량을 조절하여 포화지방산의 섭취를 제한하고 식사량을 배분할 수 있게 하는 당뇨 환자용 식사이다. 완전 소맥분의 빵, 곡물, 과일, 채소 등으로 조리하고 설탕과 꿀은 사용하지 않는다.

Gluten Intolerant Meal(GFML): 글루텐 제한식

글루텐에 대한 알레르기가 있는 글루텐 민감성 승객을 위한 식사로, 재료에 글루텐이 들어가지 않으며, 호밀, 보리, 귀리 등의 사용을 금하고 옥수수, 쌀, 감자, 고구마, 콩을 사용한다.

Low Calorie Meal(LCML): 저열량식

체중 조절을 목적으로 제한된 칼로리의 기내식을 원하는 승객을 위한 식사이다. 저지방 고기, 유제품을 사용하여 신선한 과일이나 채소 등의 재료로 구성되며 지방이나 설탕의 사용을 최소화하여 조리한다.

Low Fat Meal(LFML): 저지방식

콜레스테롤 함량이 높은 고지방 육류, 농축된 육수, 계란 노른자, 갑각류 등을 사용하지 않고 저지방 생선이나 육류를 사용하며, 찌거나 삶는 조리법을 이용하여 제한된 지방을 사용한다.

Sorbis / Shutterstock.com

Low Salt Meal(LSML): 저염식

염분 조절식으로 간질환, 심장병, 심혈관 질환이 있는 승객을 위한 식사이다. 1일 염분의 섭취량을 5g 이하로 제한하고 훈제, 염장 제품이나 소금, 가공 수프, 케첩 등의 향신료를 넣지 않고 조리한다.

Low Lactose Meal(LLML): 유당 제한식

유당 알레르기가 있는 승객을 위한 식사로, 유제품(크림, 우유, 분유)의 사용을 엄격히 제한하고 신선한 과일, 채소, 고기 등을 사용하여 조리한다.

4) 유아식 및 아동식

Infant Meal(IFML): 영아식

12개월 미만의 영아에게 서비스되는 식사로, 주로 우유와 이유식, 액상분유와 아기용 주스가 제공된다.

Baby Meal(BBML): 유아식

유아식은 12개월 이상부터 24개월 미만의 영유아에게 제공되는 식사로, 이유식과 아기용 주스가 제공된다.

Infant Child Meal(ICML): 영유아식

생후 24개월 미만의 영유아를 위한 식사로, 신체 발육이 빠른 편인 영유아가 어린이용 식사를 할 수 있어 신청하는 경우에 제공되며, 메뉴는 아동식과 동일하다.

Child Meal(CHML): 아동식

아동식은 만 24개월부터 12세 미만의 아동에게 제공되며, 한국 출발편에서는 불고기 볶음, 치즈 스파게티, 바비큐 치킨과 크로켓 중에서 선택할 수 있고, 해외 출발편에서는 스파게티, 피자, 핫도그 중에서 선택할 수 있다.

M101Studio / Shutterstock.com

5) 기타 Special Meal

Seafood Meal(SFML): 해산물식

생선 및 해산물을 주재료로 하여 곡류, 야채류, 과일류를 제공한다.

Fruit Platter Meal(FPML): 과일식

정규 일반식 대신 신선한 과일로만 구성된 식사이다.

Eudaimonic Traveler / Shutterstock.com

MoreGallery / Shutterstock.com

Allergen-Free Meal(SPML): 알레르기 제한식

특정 식재료에 알레르기 반응이 있는 승객을 위한 식사로 해당 식재료를 제외한 메뉴로 구성된다.

Question & Answer

1. 서양식의 코스를 순서대로 정리해 봅시다.

2. Table d'Hote(타블도테)와 A la Carte(알라카르트)에 대해 정리해 봅시다.

3. 세계 4대 진미를 설명해 봅시다.

4. 시간대별 기내식의 종류와 약어를 정리해 봅시다.

Level up Role Play 1

상황 식사를 서비스하는데 승객이 고추장을 몇 개 더 달라고 요청하는 상황

Tip

- 기내에 실리는 모든 물품은 반출이 금지되어 있음을 알린다.
- 챙겨 드리지 못하는 상황에 대해 사과하고 양해를 구한다.
- 고추장을 면세품으로 구매하는 방법도 있음을 설명한다.

응대 방법

응대 대화문

Level up Role Play 2

상황 식사 서비스 시 등받침을 젖혀 주무시고 계시는 상황

Tip

- 불편함을 공감하며, 앞좌석 손님에게 양해를 구한다.
- 식사 시와 이착륙 시에는 등받침을 세워야 함을 정중하게 알린다.
- 이때 쿠션 언어를 사용하여 친절하게 말한다.

응대 방법

응대 대화문

기내식 서비스

CHAPTER 05

학습목표

- 기내 서비스 절차에 따라 서비스 준비를 할 수 있다.
- 기내식의 서비스 절차를 이해하고 수행할 수 있다.

Airline News!

네덜란드 KLM이 이색 기내식을 만든 까닭은?

지난해 에어프랑스-KLM 항공사가 신종 코로나바이러스 감염증으로 인한 운항 횟수 감소로 약 12조 원의 구제금융을 받자 프랑스와 네덜란드 정부는 금융 지원 조건으로 '친환경 경영 방안 마련'이라는 숙제를 냈다. 이 방안으로 KLM에서 선보인 이색 기내식이 화제다. 비즈니스 클래스 승객에게 제공되는 수프는 모양이 예쁘지 않아 판매하지 못하는 채소를 재료로 만들어져 음식물 쓰레기를 줄인다. 또 초콜릿은 KLM이 투자한 파나마 농장에서 이산화탄소 배출량을 줄이는 방식으로 경작한 코코아로 만든다. 탄산음료 컵까지도 무게를 줄여 손에 쥔 순간 그 차이를 알 수 있다. 무게가 줄면 연료 사용량이 줄고, 총비용도 절감되어 친환경 경영 선순환 구조를 만들 수 있기 때문이다.

출처: 한국일보 2021.11.13.

기내식 서비스는 승객들이 가장 크게 기대하는 서비스이며, 고객 만족과 충성도를 높일 수 있는 핵심 요인이라 할 수 있다. 따라서 모든 항공사는 기내식의 고품질을 위해 연구하고 차별화된 메뉴를 지속적으로 개발하며, 고유의 이미지를 포함하여 트레이부터 작은 기물까지 독자적으로 디자인하여 사용하고 있다. 고객 접점에서 응대하는 승무원들은 항공사의 대표라는 마음가짐으로 기내식 서비스의 상세한 내용과 절차를 숙지하여 고객의 서비스 만족도를 높일 수 있도록 항상 노력해야 한다.

기내식 서비스 절차

Special Meal Service ➔ 기내식 서비스 (Meal Tray Service) ➔ 와인 및 물 리필 (Wine & Water Refill) ➔ 커피 및 차 서비스 (Coffee & Tea Service) ➔ 기내식 회수 (Meal Collect)

1. Special Meal

1) Special Meal 준비

- 담당 승무원은 S.H.R(Special Handling Request)을 참고하여 Special Meal의 요청 내역과 탑재내역을 비교한다.
- 항공기가 출발하기 전에 기내식 담당 승무원은 기내식 탑재 담당 직원과 Special Meal의 탑재내역과 수량을 상호 확인하고 객실 사무장에게 보고한다.
- 일반 기내식보다 먼저 제공되므로 Special Meal이 잘못 전달되지 않도록 특별식 Tray 위에도 표시해 놓는다.
- Special Meal이 탑재되지 않았을 경우 SHR을 통해 확인한다. 만약 신청되지 않았을 경우에는 지상에서 준비하는 시간이 필요하므로 항공기 출발 24시간 이전까지 홈페이지나 서비스센터로 신청해야 함을 안내한다.
- 만약 주문이 가능한 시간에 요청했음에도 항공사의 실수로 기내에 탑재되지 않았을 경우에는 상황을 안내하고 진심 어린 사과를 한다.
- Special Meal이 탑재되지 않아 식사에 어려움이 있는 승객에게는 사과와 함께 대체 가능한 식사를 준비하여 서비스한다.

- 주문 기록에는 없으나 Special Meal을 요청할 경우 당일 탑재된 기내식을 활용하여 주문 조건에 부합하는 기내식을 준비하여 서비스한다.

Special Meal Sticker

Kristi Blokhin / Shutterstock.com

49B 좌석의 VGML

2) Special Meal 서비스

- 항공기가 출발하기 전에 Aisle 담당 승무원은 Special Meal을 주문한 승객의 좌석, 성명, 식사 종류를 승객과 함께 확인한다.
- 이상이 없을 경우 Special Meal 스티커를 해당 승객의 좌석 상단에 부착한다.
- Special Meal을 주문한 승객에게 식사의 오전달 방지를 위해 자리를 옮기지 않도록 말씀드리고 좌석을 확인할 수 있는 스티커를 승객의 의자 위에 붙인다.
- 이때 스티커 부착을 부담스러워하는 승객에게는 식사 서비스를 위한 절차임을 정중하고 예의 바르게 말씀드린다.
- 개인 사정으로 Special Meal을 주문한 승객이 불편해하지 않도록 최대한 배려하고 조심스럽게 응대한다(예: DBML, LCML 등).
- 식사를 서비스하기 전에 반드시 해당 승객이 주문한 식사인지 승객에게 다시 한번 확인한다.
- 식사를 서비스할 때 주문받은 음료를 함께 제공한다.

Special Meal 서비스 대화문

항공기 출발 전

승무원 : ○○○ 손님, 특별 기내식으로 저칼로리 식사를 주문하신 것이 맞습니까?

승객 : 네, 맞습니다.

승무원 : 좌석과 식사 확인을 위해 확인이 가능한 스티커를 부착해 놓겠습니다.

승객 : 알겠습니다.

식사 서비스 시작 시

승무원 : 주문하신 저칼로리 식사를 준비해 드리겠습니다.

승무원 : 식사와 함께 음료도 준비해 드리겠습니다. 음료는 와인, 맥주, 주스류, 탄산음료가 준비되어 있습니다. 어떤 것으로 드시겠습니까?

승객 : 콜라 주세요.

승무원 : 말씀하신 콜라 준비해 드리겠습니다.

승무원 : 더 필요한 것은 없으십니까?

2. 기내식

1) 기내식 준비

기내식 서비스 준비 순서

1	2	3
앙트레 히팅 (Entree Heating)	앙트레 세팅 (Entree Setting)	서비스 아이템 준비 (Preparation for Service Item)

(1) 앙트레 히팅(Entree Heating)

- 일반적으로 기내식의 히팅(Heating)에는 20분 정도가 소요되므로 히팅 매뉴얼(Heating Manual)에 의거하여 비행 시간과 시간대, 메뉴에 따라 히팅 시점을 정해야 한다.
- 항공기가 이륙하기 전에 히팅을 시작하는 것이 일반적이며, 그렇게 해야 이륙한 후에 알맞게 세팅하여 서비스하는 시간을 맞출 수 있다.
- 히팅이 종료되면 즉시 꺼내 준비하고 앙트레(Entree)가 오븐(Oven) 안에 방치되지 않도록 한다.
- 히팅 중 오븐의 바람과 열의 세기가 다르므로 위, 아래, 앞, 뒤의 위치를 바꿔 앙트레가 골고루 가열되도록 한다.
- 빵은 Tray에 개별 세팅된 경우를 제외하고는 벌크(Bulk)로 탑재되며, 소프트 롤(Soft Roll)은 오븐에서 'Medium'으로 6~7분 정도 히팅한다.
- 히팅된 빵은 식지 않도록 식사 서비스 직전에 브레드 바스켓(Bread Basket)에 옮겨 담는다.

다양한 빵 종류

기내 오븐

PLUS

앙트레 히팅(Entree Heating)의 시간과 온도를 알아볼까요?

앙트레 히팅의 이전 단계인 프리히팅(Pre-heating)은 15분 정도 한 후에 본 히팅을 해야 합니다. 쇠고기 스테이크의 히팅 시간은 미디엄(Medium)을 기준으로 15분이고, 18분 정도를 히팅하면 가장 맛있는 스테이크의 미디엄 웰던(Well-done) 상태로 구워집니다. 프리히팅을 하지 못했다면 5분 정도의 히팅 시간을 추가하면 됩니다. 하지만 앙트레는 상태가 제각각 다를 수 있으므로 히팅을 마친 후에도 한 번 더 확인하여 최적의 상태인지 살펴보아야 합니다.

주요리 앙트레	히팅 시간	온도
쇠고기 스테이크	15~20분	Medium
해산물, 생선요리	20분	Medium
오믈렛, 파스타류	18분	Medium
죽류	25~30분	Medium

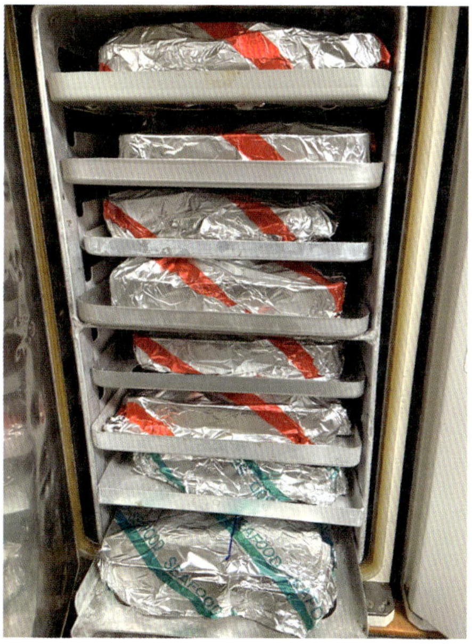

오븐 속 앙트레

갤리 커튼(Galley Curtain)의 닫힘 상태

앙트레 세팅

(2) 앙트레 세팅(Entree Setting)

- 기내식을 준비하는 작업 공간인 갤리(Gally)는 항상 청결하게 하고 칠러(Chiller)와 드라이아이스(Dry Ice) 등으로 신선하게 관리한다.
- 앙트레를 세팅하기 전에 에어 칠러(Air Chiller)를 Off해 놓는다.
- 갤리 주변에 착석한 승객이 갤리 내의 불빛이나 소음으로 불편하지 않도록 갤리 커튼(Galley Curtain)을 닫아 둔다.
- 뜨겁게 히팅된 앙트레를 식사 트레이(Meal Tray)에 세팅한다. 이때 앙트레는 매우 뜨거운 상태이므로 석면 장갑을 끼고 Meal Tray에 세팅해야 한다.
- 앙트레 세팅 상태가 흐트러질 경우가 있으므로 항상 제공하기 전에 바르게 하여 서비스한다.
- 기내식이나 앙트레를 갤리 바닥에 놓는 일이 없도록 유의한다.
- 앙트레 세팅 시 앙트레 내용물의 변형을 막기 위해 겹쳐 놓지 않는다.
- 세팅을 하는 동안 앙트레 소스(Sauce)가 Tray에 흐르지 않도록 주의한다.
- 앙트레의 틴 포일(Tin Foil)이 벗겨진 경우에는 반드시 새것으로 교체하여 서비스한다.

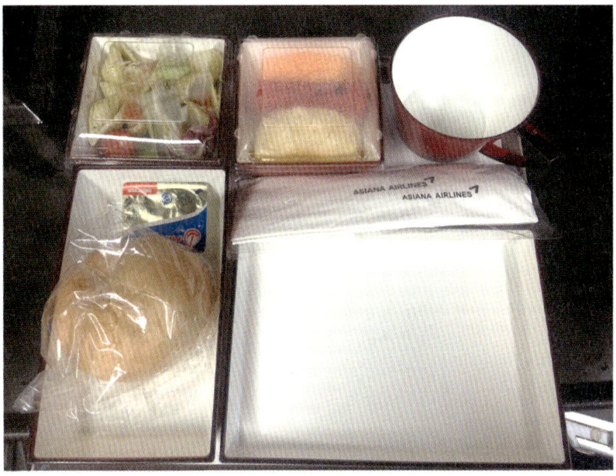

앙트레 세팅 전 Tray

드라이아이스

식사 카트(Meal Cart)

갤리 내 에어 칠러(Air Chiller)

(3) 서비스 아이템 준비(Preparation for Service Item)

- 식사 카트(Meal Cart) 상단에 투명 드로워(Drawer)를 올리고 맥주, 주스, 생수, 각종 소스류(소금, 후추, 고추장 등)를 준비한다.
- 와인은 미리 오픈(Open)하여 준비해 놓는다.
- 빵은 브레드 바스켓(Bread Basket) 위에 깨끗한 리넨(Linen)을 깔고 적당량을 담아 브레드 텅(Bread Tongs)과 함께 준비해 놓는다.
- 한식 서비스에 국을 서비스해야 하는 경우 팟(Pot)에 뜨거운 물을 담아 준비해 두었다가 서비스 직전에 담아 나간다.

다양한 서비스 아이템

브레드 바스켓(Bread Basket)

리넨으로 준비한 브레드 바스켓

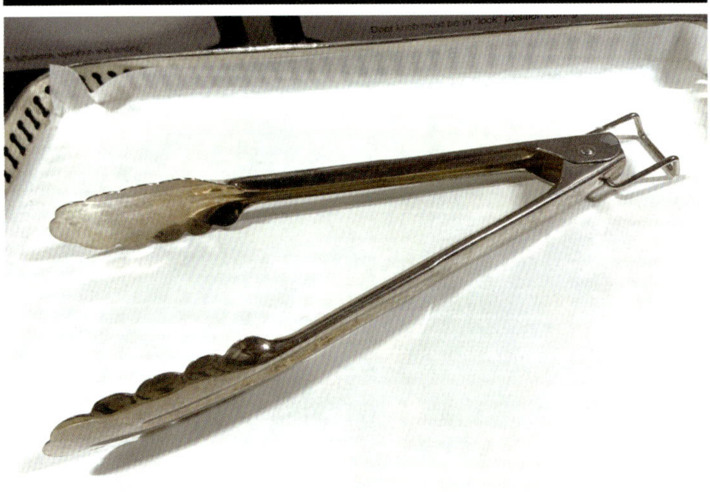

브레드 텅(Bread Tongs)

2) 기내식 서비스

- 식사 카트(Meal Cart)를 승객 옆에 세워 두고, 카트를 고정하여 흔들리지 않게 한다.
- 밀 스킵(Meal Skip)을 하지 않도록 유의하고, Tray는 소리가 나지 않게 공손하게 내려놓아야 한다.
- 주문은 안쪽 좌석의 승객부터 받으며, 창가 측 승객에게는 양해를 구해 승객이 직접 테이블을 펴도록 요청한다.
- 식사를 제공할 때 식사의 종류를 설명하고 음료 주문을 함께 받는다.
- 당일에 제공되는 메뉴와 음료의 내용을 충분히 숙지한 후 승객의 취향과 기호에 맞게 추천, 권유한다.
- 외국인 승객에게 'Beef?' 'Bibimbab?'과 같은 단어 하나로 표현하지 않고, 'We have western–style beef steak and Korean traditional–style Bibimbap'과 같이 정중하게 문장을 완성하여 안내한다.
- 주요리가 세팅된 Tray는 주요리의 정방향이 승객을 향하도록 하여 양손으로 공손하게 테이블에 놓아 드린다.
- 한식 서비스 중 국 종류(미역국, 북엇국 등)를 서비스하는 경우, 화상에 주의하도록 안내한다.
- 식사와 함께 소스류(고추장, 케첩, 머스터드 등)를 요청할 경우 즉시 준비해 드린다.
- 식사를 제공할 때에는 테이블에 조심스럽게 놓아 드리며 이어서 음료 주문을 받는다.

식사 서비스 전 테이블 오픈(Table Open)

- 와인을 제공할 경우 프리세팅(Pre-setting)된 와인 잔에 따르고, 창가 측에 착석한 승객에게는 와인 잔을 잠시 들어 주기를 요청한 후 따라 드린다.
- 식사를 다 서비스한 후 담당 존을 순회하여 서비스 누락이 없는지 다시 한번 확인한다.
- 식사와 음료를 서비스한 후 식사 카트는 갤리 내의 정해진 위치에 보관한다.

기내식 서비스 대화문

[카트를 락킹(Locking)하고 서비스할 승객과 아이 콘택트(Eye Contact)를 하며 주문을 받는다.]

승무원 : 손님, 식사 준비해 드리겠습니다. 테이블을 열어 주시겠습니까? 오늘 준비된 메뉴 양식은 쇠고기 스테이크이고 한식으로는 비빔밥이 준비되어 있습니다.

(이때 자세하게 설명하며 안내한다.)

승객 : 비빔밥으로 주세요.

승무원 : 네, 알겠습니다.

승무원 : 비빔밥과 함께 미역국을 준비해 드리겠습니다. 뜨거우니 조심하십시오.

승무원 : 손님, 식사와 함께 음료도 한잔 하시겠습니까? 준비된 음료로는 와인, 맥주, 주스류, 탄산음료가 있습니다. 어떤 것으로 하시겠습니까?

승객 : 오렌지주스 주세요. 와인은 뭐가 있나요?

승무원 : 준비된 와인으로 화이트 와인과 레드 와인이 있습니다. 어떤 것으로 하시겠습니까?

승객 : 레드 와인 주세요.

승무원 : 말씀하신 오렌지주스와 레드 와인 준비해 드리겠습니다.

(이때 말을 하면서 동시에 오렌지주스와 레드 와인을 승객의 오른쪽에 놓아 드린다.)

승무원 : 더 필요한 것은 없으십니까?

승객 : 없습니다.

승무원 : 맛있게 드십시오.

(다시 한번 아이 콘택트를 잊지 않는다.)

PLUS

모든 서비스 시 제공 순서가 있나요?

그렇습니다. 서비스 용품이나 식음료 등 승객에게 서비스하는 순서는 정해져 있습니다. 창가 측에서 통로 쪽으로 서비스하며 남녀 승객이 동석한 경우 여성 손님에게 먼저 서비스하고 유아나 어린이, 환자 승객분이 있을 경우에는 그분들에게 먼저 서비스하여 편의를 제공합니다. 서비스 시 주문 역시 아래와 같이 ① 창가 측 좌석, ② 중앙 좌석, ③ 통로 쪽 좌석 순으로 받습니다.

식사 카트 상단(Meal Cart Top) 예시

PLUS

식사 카트 상단(Meal Cart Top)에 놓는 음료에는 무엇이 있나요?

청량음료(콜라, 사이다 등), 맥주, 와인, 생수, 주스류 등이 있습니다.

차가운 식사(Cold Meal) 서비스는 어떻게 하나요?

차가운 식사를 서비스하는 단거리 구간에서는 짧은 비행 시간 동안 식사 서비스 및 회수 등 비행 중에 해야 할 많은 업무를 신속하게 진행해야 하는 부담이 있어서 서비스를 급하게 서두르는 경우가 많습니다. 따라서 승객의 취식을 재촉하거나 바쁜 인상을 주지 않도록 더욱 유의해야 합니다. 많은 단거리 비행에서 컴플레인(Complain) 중 밀 스킵(Meal Skip)과 재촉하는 인상을 주어 불편했다는 불만 사례가 많으므로 이 사실을 명심하고 공손하고 정성스럽게 서비스해야 합니다.

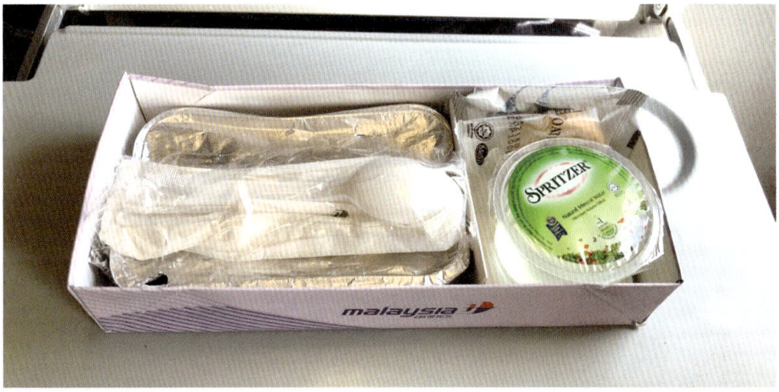

rohaizadabu / Shutterstock.com

vaalaa / Shutterstock.com

다양한 차가운 식사(Cold Meal)

PLUS

외국인 승객에게 비빔밥을 먹는 방법을 설명해 볼까요?

1. Put the steamed rice into Bibimbab bowl.
2. Add sesame oil and Gochujang to the rice and vegetables.
3. Mix all the ingredients using your spoon or chopsticks.
4. Best served with side dishes and soup. (The hot pepper paste is spicy and can be added as desired.)

Sorbis / Shutterstock.com

식사 서비스 중인 승무원

승객이 원하는 기내식을 초이스(Choice)하지 못한 경우에는 어떻게 하나요?

원하는 식사를 하지 못한 승객에게는 음료수, 와인, Meal Tray를 먼저 제공한 후 앙트레(Entree)의 여유분이 있는지 다른 갤리에 잔량을 알아봅니다. 이때 열심히 찾아보고 노력하는 모습을 보여 주는 센스가 필요하겠죠? 다른 갤리에도 없을 경우 간식과 두 번째 식사의 우선 선택권을 드리겠다고 말씀드립니다. 그리고 객실 사무장에게 보고하여 응대함으로써 고객 불만을 미연에 방지하는 것이 중요합니다.

3. 와인 및 물 리필(Wine & Water Refill)

1) 와인 및 물 준비

- 갤리(Galley)에서 생수병과 리넨(Linen)을 준비한다.
- 와인은 와인병에 와인이 흐르지 않았는지 확인하고 페이퍼 타월로 닦아 깔끔하게 준비한다.
- 와인 라벨의 청결 상태를 확인한다.
- 화이트 와인은 시원한 상태로 서비스할 수 있도록 준비한다.

▍ 다양한 음료가 준비된 모습

생수

레드 와인

화이트 와인

2) 와인 및 물 서비스

- 식사 서비스와 같은 순서로 리필(Refill)한다.
- 생수병을 한 손에 들고 리넨은 다른 손에 들고 승객 요청 시 생수컵에 리필한다.
- 와인의 경우 양손에 화이트 와인과 레드 와인을 각각 들고 리필을 실시한다.
- 와인컵에 잔량이 3부 정도 남았을 때 리필하며, 두 번 이상 리필 서비스를 진행한다.

와인 및 물 서비스 대화문

와인 서비스 대화문

승무원 : 와인 한 잔 더 하시겠습니까?

승객 : 저 와인 주세요.

승무원 : 화이트 와인과 레드 와인이 있습니다. 어떤 것으로 하시겠습니까?

승객 : 화이트 와인 주세요.

승무원 : 네, (따라 드린 후) 맛있게 드십시오.

물 서비스 대화문

승무원 : 생수 한 잔 더 하시겠습니까?

승객 : 주세요.

승무원 : 네, 알겠습니다. (따라 드린 후) 맛있게 드십시오.

(생수나 와인이 왈칵 쏟아져 나오는 경우가 종종 있으므로 주의하여 천천히 따른다.)

다양한 음료가 서비스된 모습

식사와 와인 서비스

lexosn / Shutterstock.com

다양한 알코올 음료 서비스

Sorbis / Shutterstock.com

샴페인 서비스

4. 커피 및 차(Coffee & Tea)

1) 커피 준비

- 커피 브루(Coffee Brew) 직전에 커피 팟(Coffee Pot)의 내부 청결 상태를 점검하고, 이물질이 있는 경우 뜨거운 물로 헹궈 낸다.
- 식사 후 커피 서비스를 위해 일반적으로 갤리마다 장착되어 있는 커피 머신에 커피 팩(Coffee Pack)을 끼우고, 신선한 커피 서비스를 위해 서비스하기 직전에 브루한다.
- 준비가 다 된 커피는 온도와 농도를 확인하고 커피 팩이 찢어져 커피 찌꺼기가 있지 않은지 확인한다.

커피 준비에 필요한 장비 및 소모품

LouiesWorld1 / Shutterstock.com

브루 버튼(Brew Button)

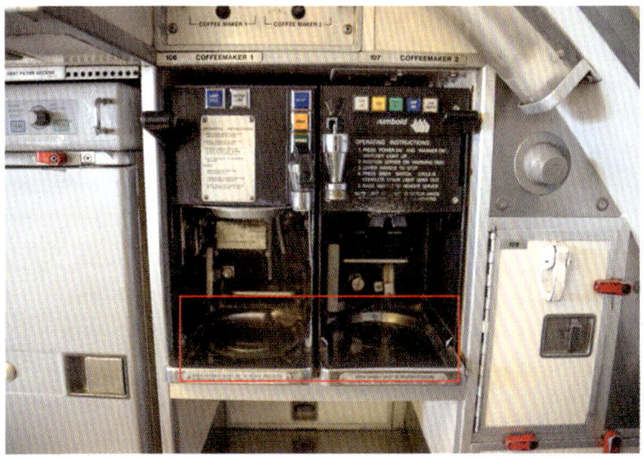

Real_life_Studio / Shutterstock.com

워머 플레이트(Warmer Plate)

커피 팟(Coffee Pot)

커피메이커(Coffee Maker)

커피 팩(Coffee Pack)

커피 트레이(**Coffee Tray**) 도해도

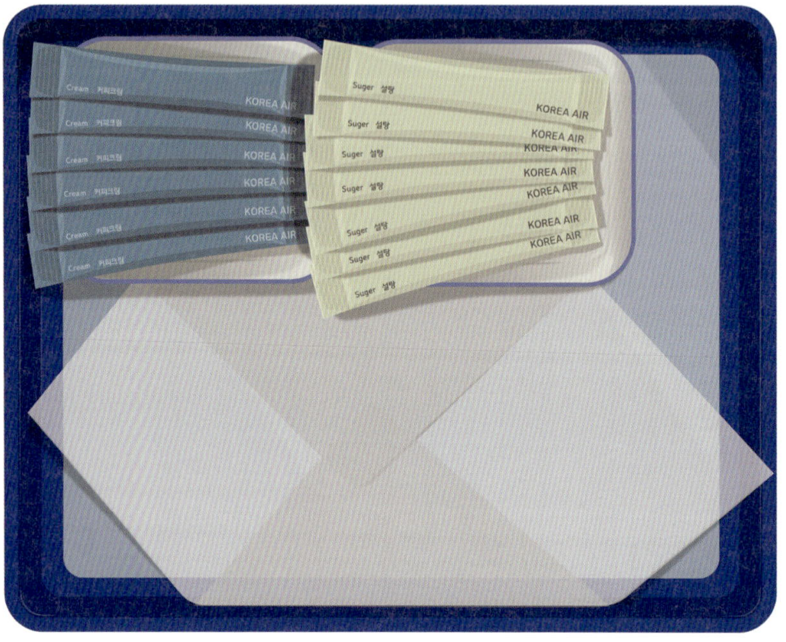

2) 커피 서비스

- 방금 브루(Brew)된 신선한 커피가 담긴 팟을 오른손에 들고, 설탕과 크림이 세팅(Setting)된 Tray를 왼손에 들고 서비스를 시작한다.
- 설탕, 크림이 담긴 Tray는 낮게 들어서 승객들이 직접 보면서 고를 수 있도록 한다.
- 커피 팟(Coffee Pot)은 뜨거우므로 승객에게 닿지 않도록 조심한다.
- 커피 서비스가 제공됨을 알리고, 서비스를 요청한 승객 앞에 서서 식사 트레이에 프리세팅된 커피컵을 승무원이 들고 있는 Tray 위로 올려 줄 것을 요청한다.
- 올려진 커피컵에 뜨거운 커피를 따르고, Tray를 낮게 들어 승객이 직접 커피컵을 집을 수 있게 한다.
- 기호에 따라 설탕과 크림을 직접 집을 수 있게 유도한다.

커피 서비스 대화문

승무원 : 따뜻한 커피 한잔 하시겠습니까?

승객 : 저 주세요.

승무원 : 네, 커피잔을 이쪽 Tray 위에 올려 주시겠습니까?

승객 : 네. (승무원이 들고 있는 Tray 위에 직접 커피컵을 올린다.)

승무원 : 네, 감사합니다. (커피를 따른다.) 손님, 커피 여기 있습니다. 설탕, 크림을 넣으시겠습니까? (Tray를 낮게 들고 손님이 직접 집을 수 있게 유도한다.)

승객 : 괜찮아요.

승무원 : 네, 뜨거우니 조심하십시오.

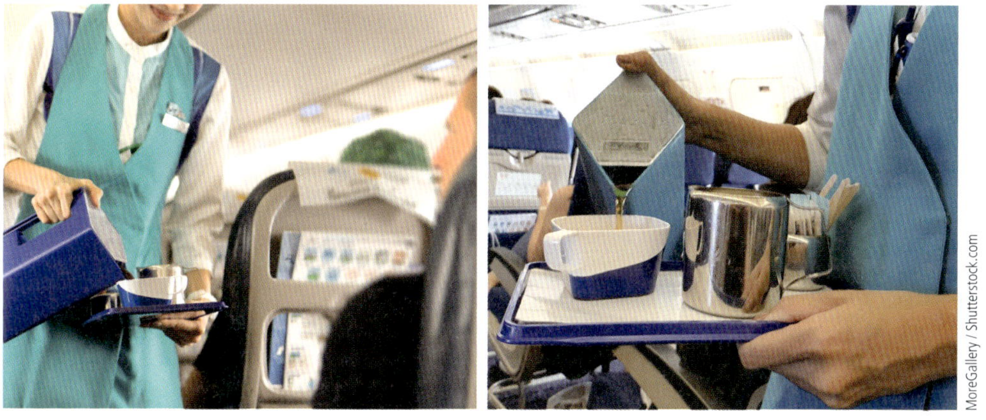

커피 서비스 중인 승무원

3) 차 준비

- 차 서비스는 항공사마다 제공하는 방식이 상이하다. 일반적으로 서비스용 팟(Pot)에 뜨거운 물을 담아서 티백(Tea Bag)과 함께 승객들에게 제공하거나, 서비스용 팟에 티백을 넣어 우린 차를 승객들에게 서비스하기도 한다.
- 서비스용 팟 겉면은 타월(Towel)로 닦아 얼룩이 없도록 청결하게 관리한다.
- 뜨거운 물의 온도를 확인하여 식지 않았는지 확인한다.

▌ 차 트레이(**Tea Tray**) 도해도

4) 차 서비스

- 뜨거운 물이 담긴 팟을 오른손에 들고, 각종 티백, 설탕, 크림, 레몬 등이 세팅된 Tray를 왼손에 들고 서비스를 시작한다.
- 커피 서비스와 마찬가지로, 각종 티백이 담긴 Tray를 낮게 들어서 승객들이 직접 보면서 고를 수 있도록 한다.
- 차 서비스가 제공됨을 알리고, 서비스를 요청한 승객 앞에 서서 식사 트레이에 프리세팅된 컵을 승무원이 들고 있는 Tray 위로 올려 줄 것을 요청한다.
- 올려진 컵에 뜨거운 물을 따르고, Tray를 낮게 들어 승객이 컵을 직접 집을 수 있게 한다.
- 커피를 찾는 승객들에게는 “잠시만 기다리시면, 다음 승무원이 서비스하겠습니다”와 같은 말로 커피가 곧 서비스됨을 알려 드린다. 만약 커피 서비스가 끝난 후라면 좌석번호를 기억하여 직접 갖다 드린다. 서비스 시 Tray를 낮추어 승객이 보고 집기 편하게 배려한다.
- 두 번째 커피 및 차(2nd Coffee & Tea) 서비스를 제공하여 더 필요한 승객에게 리필(Refill)해 드린다.

차 서비스 대화문

승무원 : 녹차나 홍차 한잔 하시겠습니까?

승객 : 홍차 주세요.

승무원 : 네, 잔을 이쪽 Tray 위에 올려 주시겠습니까?

승객 : 네. (승무원이 들고 있는 Tray 위에 직접 컵을 올린다.)

승무원 : 네, 감사합니다. (뜨거운 물을 따른다.) 손님, 뜨거운 물 여기 있습니다. 티백을 집어 주시겠습니까? (Tray를 낮게 들고 승객이 티백을 직접 집을 수 있게 유도한다.)

승무원 : 설탕이나 크림을 넣으시겠습니까?

승객 : 괜찮아요.

승무원 : 네, 뜨거우니 조심하십시오.

차 서비스 중인 승무원

5. 기내식 회수

1) 기내식 회수 준비

- 비어 있는 식사 카트 상단(Meal Cart Top)에 리필(Refill)을 위한 생수, 주스, 칵테일 냅킨, 핸드타월, 플라스틱컵 등을 준비한다.
- 일회용 물티슈나 페이퍼 타월(Paper Towel)을 준비하여 필요 시 사용할 수 있도록 세팅해 놓는다.

회수 카트 상단

2) 기내식 회수 서비스

- 회수는 식사 서비스를 제공한 순서대로 동일하게 진행하며, 식사를 빨리 완료한 승객의 Tray는 먼저 회수해 드린다.
- 식음료 회수 시 취식에 대한 만족도를 여쭤 보며 회수 여부를 물어본 뒤 치워 드린다.
- Meal Cart를 이용하여 회수할 경우 카트 내부의 상단부터 차례대로 채워 넣는다.
- Meal Cart 안에 Tray를 넣을 수 있는 높이가 정해져 있기 때문에, 회수 시에는 다 드신 맥주나 컵을 카트 상단에 분리해 놓고 Tray만 Meal Cart 안에 넣는다.

- Meal Tray 회수 시 회수한 아이템이나 무겁거나 부피가 큰 것은 카트 상단 중 몸의 가까운 쪽부터 채워 놓는다.
- 승객이 커피나 차를 계속 마시기를 원할 경우 Meal Tray를 회수하고 냅킨을 컵에 받쳐 편안히 마실 수 있도록 한다.

Vershinin89 / Shutterstock.com

다 드신 Meal Tray

Meal Cart 안에 있는 Tray 높이 제한

PLUS

취침 승객에게는 식사 서비스를 언제 해야 할까요?

식사 서비스 중에 승객이 주무실 경우 좌석 앞이나 벽면에 서비스 스티커(Service Sticker)를 부착합니다. 승객이 주무실 때는 무리하게 깨우면 안 됩니다. 이런 경우에는 승객이 잠이 깨서 스티커를 확인하고 식사를 요청하실 때 식사를 따뜻하게 준비하여 갖다 드립니다. 또 취침하던 승객이 등받이를 넘겨 놓으셨다면 식사 중에는 등받이를 세워 주셔야 한다는 양해의 말씀을 드려야 합니다.

취침 중이던 승객의 개별 식사 서비스

제 것부터 치워 주시면 안 되나요?

승객들의 취식 속도는 모두 달라서 얼른 먹은 식사를 치우고 화장실을 이용하길 원하는 승객이 있을 것입니다. 일반적으로는 식사를 제공한 순서대로 치워 드려야 하나, 상황이 급해 보이거나 식사 회수 시점까지 시간이 많이 남았다면 개별적으로 먼저 치워 드리는 것도 좋습니다.

흡연은 금지지만 전자담배도 안 되나요?

식사 서비스가 종료되면 화장실 내에서 흡연하는 승객을 종종 보게 됩니다. 항공보안법에 의거하여 기내 흡연이 적발될 경우 1천만 원 이하의 벌금형을 받을 수 있습니다. 전자담배 또한 2008년 이후 법제처가 '전자담배도 담배'라고 해석하며 기내에서 전자담배 흡연이 금지되었습니다. 전자담배의 연기도 연기 감지기에 감지되며, 연기가 많이 나지 않아 연기 감지기에 감지되지 않는 담배라도 흡연은 엄격히 금지됩니다.

Question & Answer

1. 장거리를 기준으로 Hot Meal을 서비스하는 절차를 시나리오로 작성해 봅시다.

2. Special Meal을 설명하고 주의사항을 정리해 봅시다.

종교식

야채식

건강식

3. 커피와 차 서비스 준비 트레이의 도해도를 그려 봅시다.

Level up Role Play 1

상황 **비빔밥이 다 떨어져서 승객이 원하는 식사를 하지 못한 상황**

Tip

- 원하는 식사를 서비스하지 못한 점에 대해 정중하게 사과한다.
- 여유분이 있는지 적극적으로 알아본다.
- 없는 경우 다시 한번 사과하고 두 번째 식사가 있다면 손님의 주문을 먼저 받겠다고 말씀드린다.

응대 방법

응대 대화문

Level up Role Play 2

상황 **승객이 VGML을 신청했는데 기내에 탑재되지 않은 상황**

Tip

- 탑재되지 않은 사실에 대해 정중하게 사과한다.
- 객실 사무장에게 보고하고 상위클래스에 탑재된 샐러드의 여유분이 있는지 확인한다.
- 승객이 드실 수 있는 메뉴가 있는지 알아보고 최선을 다해 준비해 드린다.

응대 방법

응대 대화문

Level up Role Play 3

상황 **어린이 특별식을 주문하지 않았는데 아이가 먹고 싶어한다고 말하는 상황**

Tip

- 어린이 식사는 기내 특별식(Special Meal)을 신청해야 제공 가능함을 알려 드린다.
- 기내 특별식은 제공해 드리지 못하지만 다른 음료나 퍼즐 등을 준비해 드린다.
- 더 필요한 부분이 있는지 관심을 기울이며 세심하게 응대한다.

응대 방법

응대 대화문

Level up Role Play 4

상황 **기내식에서 이물질이 발견된 상황**

Tip
- 먼저 정중히 진심으로 사과드린다.
- 사과의 말씀을 드린 후 다른 식사로 즉시 교체해 드린다.
- 재발 방지를 위해 노력하겠다는 말씀을 드리며 하기 시까지 세심하게 응대한다.

응대 방법

응대 대화문

PART 03

면세품 판매 및 2nd 서비스

Ronald Paras (Picxel8 Studios) / iStock / Getty Images Plus

CHAPTER 06 기내 면세점 판매

기내 정리

입국카드 배포

기내 면세품 서비스

CHAPTER 07 Crew Rest 및 2nd 서비스

Crew Rest

2nd 식음료 서비스

기내 면세품 판매

CHAPTER 06

학습목표

- 기내 면세품 판매의 중요성을 파악할 수 있다.
- 기내 면세품 준비 및 서비스의 주의사항을 파악할 수 있다.

Airline News!

코로나로 막힌 면세품 쇼핑, 무착륙 비행으로 뚫는다

코로나19로 발이 묶인 상황에서 비행기를 타고 상공을 돌다가 다시 국내로 돌아오는 '무착륙 관광 비행'이 큰 호응을 얻고 있다. 무착륙 관광 비행의 활성화를 통해 항공·면세업계의 경영난을 완화하고자, 정부는 해외 영공을 지날 경우 기내에서 면세품을 판매하거나 입국장 면세점을 이용할 수 있도록 하는 방안을 발표할 계획이다. 이로써 여행객 수요가 증가하고 면세점 위주 소비를 촉진할 것으로 전망된다.

출처: 이데일리 2020.11.18.

Song_about_summer / Shutterstock.com

식음료 서비스는 기내 서비스의 많은 부분을 차지한다. 식음료 서비스의 절차가 끝났다고 하더라도, 항공사의 중요한 이윤을 창출하는 면세품 서비스와 비행의 많은 시간을 홀로 보내게 되는 승객들이 편안하게 여행할 수 있도록 그 밖의 다양한 서비스가 이어지게 된다. 식음료 서비스 이후 어떠한 서비스가 있는지 비행 시간의 흐름을 생각하면서 살펴보자.

▍식음료 서비스 후 서비스 절차

기내 정리 (Clear Off) ➔ 입국서류 작성 (Documents Service) ➔ 면세품 판매 (Duty Free Sales)

1. 기내 정리

식사 서비스가 끝나고 나면, 승객들은 수면을 취하거나 개인용 비디오를 통해 영화를 보는 등 개인적인 시간을 보내며 남은 비행을 채운다. 승무원들은 식사 서비스가 끝난 후 기내 환경을 쾌적하게 유지하기 위해 기내 정리(Cabin Cleaning)를 실시한다.

- 승객들이 이용하는 좌석과 기내 통로의 이물질로 인해 넘어지거나 사고가 생기지 않도록 정리해야 한다.
- 기내 벽면의 잡지꽂이에 꽂혀 있는 잡지와 신문을 다시 가지런히 정리한다.
- 화장실은 서비스 용품(칫솔, 티슈, 물비누, 로션 등)이 부족하지 않은지 확인하고, 부족한 경우 화장실 내 Compartment를 열어서 리필한다. 또한 화장실의 청결 상태를 확인하고 정리하며, 승객들이 쾌적한 상태로 사용할 수 있도록 상시 점검한다.
- 서비스를 준비하는 갤리(Galley)는 청결하게 정리정돈을 실시한다. 식음료 서비스 이후 갤리에 쓰레기가 방치되어 있지는 않은지 확인하고, 쓰레기통이 꽉 차지 않도록 확인하고 조치한다.

화장실 점검 예시

물비누 확인

화장지 접기

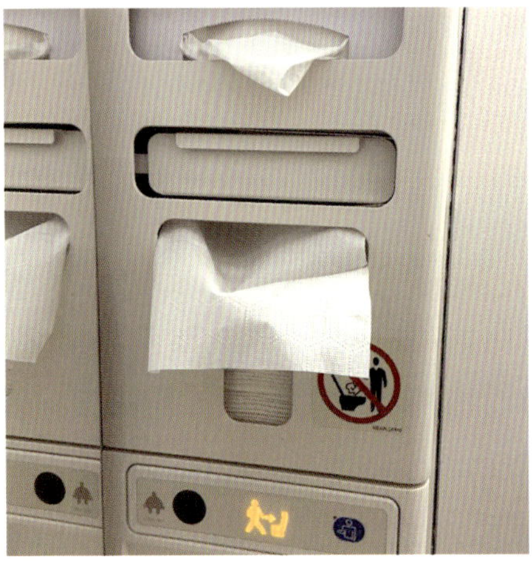

티슈 확인

Compartment 내 물품으로 리필

화장실 용품 채우기

2. 입국카드 배포

기내에서는 도착지의 입국에 필요한 서류를 배포하고 작성을 지원한다. 입국관련 서류를 배포하고 작성을 지원하는 시점은 노선별로 상이할 수 있지만, 일반적으로 단거리 구간에서는 비행 시간이 짧으므로 지상에서 입국서류를 배포하여 작성하도록 한다. 그리고 장거리 구간에서는 첫 번째 식사 서비스가 끝나고 승객들이 휴식에 들어가기 전에 승무원들이 도착 국가에 필요한 입국서류를 배포하고, 담당구역별로 작성하는 데 도움이 필요한 승객이 있는지 승객 한 명 한 명을 확인하며 살펴본다.

입국과 관련한 서류에는 일반적으로 입국서류와 세관서류, 검역신고서가 있으나, 해당 국가별 출입국 규정에 따라 기준이 제각각 다르다. 또한 최근 전자식 출입국 신고서를 작성하는 곳이 늘고 있기 때문에 승무원은 도착 국가의 입국과 관련해 정확한 최신 정보를 안내해야 한다. 특히 담당구역의 승객 중 입국서류 작성에 어려움이 있는 승객에게는 적극적으로 다가가서 도움을 주어야 하며 필요시 승객의 여권과 비교하며 직접 작성해 주어야 한다.

입국서류(한국, 일본, 중국)

ARRIVAL CARD ※ Please fill out in Korean or English.
入境卡(外国人用) ※ 请填写韩文或英文。

Family Name / 姓	Given Name / 名	☐ Male / 男 ☐ Female / 女
Nationality / 国籍	Date of Birth / 出生日期 Y Y Y Y M M D D	Occupation / 职业

Address in Korea / 在韩地址 (☎ :)

※ 'Address in Korea' should be filled out in detail. (See the back side)
※ 必须填写'在韩地址'。(参考后面)

Purpose of visit / 入境目的	Signature / 签名
☐ Tour 观光 ☐ Visit 访问 ☐ Business 商务 ☐ Employment 就业 ☐ Others 其他 ( )	

外国人入国記録 DISEMBARKATION CARD FOR FOREIGNER 외국인 입국기록 【ARRIVAL】

英語又は日本語で記載して下さい。Enter information in either English or Japanese. 영어 또는 일본어로 기재해 주십시오.

氏 名 Name 이름	Family Name 영문 성		Given Names 영문 이름	
生年月日 Date of Birth 생년월일	Day 日 일 Month 月 월 Year 年 년	現住所 Home Address 현주소	国名 Country name 나라명	都市名 City name 도시명
渡航目的 Purpose of visit 도항 목적	☐ 観光 Tourism 관광 ☐ 商用 Business 상용 ☐ 親族訪問 Visiting relatives 친척 방문 ☐ その他 Others 기타 ( )		航空機便名・船名 Last flight No./Vessel 도착 항공기 편명 · 선명	
			日本滞在予定期間 Intended length of stay in Japan 일본 체재 예정 기간	
日本の連絡先 Intended address in Japan 일본의 연락처			TEL 전화번호	

1. 日本での退去強制歴・上陸拒否歴の有無 Any history of receiving a deportation order or refusal of entry into Japan 일본에서의 강제퇴거 이력 · 상륙거부 이력 유무	☐ はい Yes 예	☐ いいえ No 아니오
2. 有罪判決の有無 (日本での判決に限らない) Any history of being convicted of a crime (not only in Japan) 유죄판결의 유무 (일본 내외의 모든 판결)	☐ はい Yes 예	☐ いいえ No 아니오
3. 規制薬物・銃砲・刀剣類・火薬類の所持 Possession of controlled substances, guns, bladed weapons, or gunpowder 규제약물 · 총포 · 도검류 · 화약류의 소지	☐ はい Yes 예	☐ いいえ No 아니오

以上の記載内容は事実と相違ありません。I hereby declare that the statement given above is true and accurate. 이상의 기재 내용은 사실과 틀림 없습니다.

署名 Signature 서명

外国人出境卡
DEPARTURE CARD
请交边防检查官员查验 For Immigration clearance

姓 Family name ____
名 Given names ____
护照号码 Passport No. ____
出生日期 Date of birth 年Year 月Month 日Day 男 Male ☐ 女 Female ☐
航班号/船名/车次 Flight No./Ship's name/Train No. ____ 国籍 Nationality ____

以上申明真实准确。
I hereby declare that the statement given above is true and accurate.

签名 Signature ____

妥善保留此卡，如遗失将会对出境造成不便。
Retain this card in your possession, failure to do so may delay your departure from China.
请注意背面重要提示。 See the back →

外国人入境卡
ARRIVAL CARD
请交边防检查官员查验 For Immigration clearance

姓 Family name ____ 名 Given names ____
国籍 Nationality ____ 护照号码 Passport No. ____
在华住址 Intended Address in China ____ 男 Male ☐ 女 Female ☐
出生日期 Date of birth 年Year 月Month 日Day
入境事由(只能填写一项) Purpose of visit (one only)
签证号码 Visa No. ____ 会议/商务 Conference/Business ☐ 访问 Visit ☐ 观光/休闲 Sightseeing/in leisure ☐
签证签发地 Place of Visa Issuance ____ 探亲访友 Visiting friends or relatives ☐ 就业 Employment ☐ 学习 Study ☐
航班号/船名/车次 Flight No./Ship's name/Train No. ____ 返回常住地 Return home ☐ 定居 Settle down ☐ 其他 others ☐

以上申明真实准确。
I hereby declare that the statement given above is true and accurate.

签名 Signature ____

여행자 휴대품 신고서

- 모든 입국자는 관세법에 따라 신고서를 작성 · 제출하여야 하며, 세관공무원이 지정하는 경우에는 휴대품 검사를 받아야 합니다.
- 가족여행인 경우에는 1명이 대표로 신고할 수 있습니다.
- 신고서 작성 전에 반드시 뒷면의 유의사항을 읽어보시기 바랍니다.

성 명			
생년월일		여 권 번 호 (외국인에 한함)	
직 업		여 행 기 간	일
여행목적	□ 여행 □ 사업 □ 친지방문 □ 공무 □ 기타		
항공편명		동반가족수	명
대한민국에 입국하기 전에 방문했던 국가 (총 개국) 1. 2. 3.			
국내 주소			
전화번호 (휴대폰)	☎ ( )		

세 관 신 고 사 항

– 아래 질문의 해당 □에 "✓"표시 하시기 바랍니다 –

	있음	없음
1. 해외(국내외 면세점 포함)에서 취득(구입, 기증, 선물 포함)한 면세범위 초과 물품(뒷면 1 참조) [총금액 : 약] *면세범위 초과물품을 자진신고하시면 관세의 30%(15만원 한도)가 감면됩니다.	□	□
2. FTA 협정국가의 원산지 물품으로 특혜관세를 적용받으려는 물품	□	□
3. 미화로 환산하여 $10,000을 초과하는 지급수단(원화 · 달러화 등 법정통화, 자기앞수표, 여행자수표 및 그 밖의 유가증권) [총금액 : 약]	□	□
4. 총포류, 도검류, 마약류 및 헌법질서 · 공공의 안녕질서 · 풍속을 해치는 물품 등 반입이 금지되거나 제한되는 물품(뒷면 2 참조)	□	□
5. 동물, 식물(과일 · 종자 · 묘목 등), 축산물가공품(햄 · 육포 · 알 등) 등 검역대상물품 또는 가축전염병발생국의 축산농가 방문 ※가축전염병발생국의 축산농가 방문자는 농림축산검역본부에 신고하시기 바랍니다.	□	□
6. 판매용 물품, 업무용 물품(샘플 등), 다른 사람의 부탁으로 반입한 물품, 예치 또는 일시수출입 물품	□	□

본인은 이 신고서를 사실대로 성실하게 작성하였습니다.

년 월 일

신고인 : (서명)

85mm×210mm (백상지 120g/㎡)

(A면)

일본국세관

세관 양식 C 제 5360-C호

휴대품 · 별송품 신고서

아래 및 뒷면의 사항을 기입하여 세관직원에게 제출하여 주시기 바랍니다.
가족이 동시에 검사를 받을 경우에는 대표자가 1장 제출하여 주시기 바랍니다.

탑승기편명 (선박명)		출 발 지	
입 국 일 자	년 월 일		
성 명 (영 문)	성 (Surname)	이름 (Given Name)	
현 주 소 (일본국내 체류지)	전화번호 ( )		
국 적		직 업	
생 년 월 일	년 월 일		
여 권 번 호			
동 반 가 족	20세 이상 명	6세 ~ 20세 미만 명	6세 미만 명

※ 아래 질문에 대하여 해당하는 □ 에 " ✓ " 표시를 하여 주시기 바랍니다.

1. 다음 물품을 가지고 있습니까?	있음	없음
① 마약, 총포, 폭발물 등 일본으로 반입이 금지되는 물품 (B면 1. 참조)	□	□
② 육제품, 채소, 과일, 동식물 등 일본으로 반입이 제한되는 물품 (B면 2. 참조)	□	□
③ 금지금 또는 금제품	□	□
④ 면세 범위 (B면3. 참조) 를 초과하는 구입품 (산 물품),선물, 기증품등	□	□
⑤ 상용 물품 · 상품 견본(샘플)	□	□
⑥ 다른사람의 부탁으로 대리 운반하는 물품	□	□

* 상기 항목에서 「있음」을 선택한 분은 입국시에 가지고 온 물품을 B면에 기입하여 주시기 바랍니다.

2. 100만엔 상당액을 초과하는 현금, 유가증권 또는 1kg 초과하는 귀금속등을 가지고 있습니까?	있음	없음
	□	□

* 「있음」을 선택한 분은 별도로「지불수단 등의 휴대 수출·수입신고서」를 제출하여 주시기 바랍니다.

3. 별송품 입국할 때 가지지 않고 우편물등의 방법을 이용하여 별도로 보낸 짐 (이삿짐을 포함)등이 있습니까?

□ 있음 (개) □ 없음

* 「있음」을 선택한 분은 입국시에 가지고 온 물품을 B면에 기입한 후 이 신고서를 2장 세관에 제출하여 세관직원의 확인을 받아 주시기 바랍니다. (입국후 6개월이내에 수입할 물품에 한함)

세관에서 확인을 받은 신고서는 별송품을 통관할 때 필요합니다.

《주의사항》

해외 또는 일본 출국시 및 입국시에 면세점에서 구입한 물품, 다른 사람의 부탁으로 운반하는 물품 등 일본으로 반입하려고 하는 휴대품 · 별송품에 대해서는 법률에 따라 세관에 신고하여 필요한 검사를 받아야 합니다. 세관에 신고하지 않거나 허위 신고하여 반입한 경우에는 처벌을 받을 경우가 있습니다.

이 신고서 기재내용은 사실과 같습니다.

서 명

U.S. Customs and Border Protection

This Space For Official Use Only

Customs Declaration

19 CFR 122.27, 148.12, 148.13, 148.110,148.111, 1498; 31 CFR 5316

FORM APPROVED OMB NO. 1651-0009

Each arriving traveler or responsible family member must provide the following information (only ONE written declaration per family is required). The term "family" is defined as "members of a family residing in the same household who are related by blood, marriage, domestic relationship, or adoption."

1. **Family Name**
   First (Given) Middle
2. **Birth date** Month Day Year
3. Number of **Family members** traveling with you
4. (a) U.S. Street **Address** (hotel name/destination
   (b) City (c) State
5. **Passport issued by** (country)
6. **Passport number**
7. Country of **Residence**
8. **Countries visited** on this trip prior to U.S. arrival
9. **Airline/Flight No.** or **Vessel Name**
10. The primary purpose of this trip is **business:** Yes No
11. I am (We are) bringing
    (a) fruits, vegetables, plants, seeds, food, insects: Yes No
    (b) meats, animals, animal/wildlife products: Yes No
    (c) disease agents, cell cultures, snails: Yes No
    (d) soil or have been on a farm/ranch/pasture: Yes No
12. I have (We have) been in close proximity of **livestock:** Yes No
    (such as touching or handling)
13. I am (We are) carrying **currency or monetary instruments** over $10,000 U.S. or foreign equivalent: Yes No
    (see definition of monetary instruments on reverse)
14. I have (We have) **commercial merchandise:** Yes No
    (articles for sale, samples used for soliciting orders, or goods that are not considered personal effects)
15. **RESIDENTS**—the total value of all goods, including commercial merchandise I/we have purchased or acquired abroad, (including gifts for someone else, but not items mailed to the U.S.) and am/are bringing to the U.S. is: $
    VISITORS—the total value of all articles that will remain in the U.S., including commercial merchandise is: $

Read the instructions on the back of this form. Space is provided to list all the items you must declare.

I HAVE READ THE IMPORTANT INFORMATION ON THE REVERSE SIDE OF THIS FORM AND HAVE MADE A TRUTHFUL DECLARATION.

X Signature Date (month/day/year) CBP Form 6059B (04/14)

건강상태 질문서(한국)

■ 검역법 시행규칙 [별지 제9호서식]

건강상태 질문서

(앞쪽)

성명	성별 [ ]남 [ ]여
국적	생년월일
여권번호	도착 연월일
항공기 편명	좌석번호
한국 내 주소	
휴대전화	

과거 21일 동안의 방문 국가명을 적어 주십시오.

1)	2)	3)

과거 21일 동안에 아래 증상이 있었거나 현재 있는 경우 해당란에 "√" 표시를 해주십시오.

[ ] 설사	[ ] 구토	[ ] 복통	[ ] 발열	[ ] 오한
[ ] 콧물 또는 코막힘	[ ] 기침	[ ] 인후통	[ ] 근육통	[ ] 두통
[ ] 호흡곤란	[ ] 발진	[ ] 모기물림	[ ] 눈충혈	[ ] 기타 ( )

건강상태 질문서 작성을 기피하거나 거짓으로 작성하여 제출하는 경우 「검역법」 제12조 및 제39조에 따라 1년 이하의 징역 또는 1천만원 이하의 벌금에 처해질 수 있습니다.

작성일 년 월 일

작성인 (서명 또는 인)

국립검역소장 귀하

148mm×210mm (황색지 70g/㎡)

특별검역 신고서(한국)

< 앞면 >

특별검역 신고서
Travel Record Declaration

성명 Name(姓名)	생년월일 Date of Birth(出生日期)
국적 Nationality(国籍)	항공기 편명 Flight No.(航空)
여권번호 Passport No.(护照号码)	도착 연월일 Date of Arrival(到达日期)

한국 내 주소 Address in Korea(韩国联系地址) ※ 실제 거주할 주소를 세부주소까지 상세히 기재
※ Please write current residential address(full address). (请填写在韩实际居住的详细地址。)

휴대전화 Mobile Phone No.(手机号码)

실 거주지 건물주(또는 관리인) 연락처 (H-2, F-4, G-1 자격 소지 외국인만 작성) Contact information of landlord (or manager) of current actual residence (Fill this out if you are H-2, F-4, or G-1 visa holder) 实际居住地的主人联系方式(或管理人) (只H-2, F-4, G-1签证的外国人填写)

최근 14일 동안 방문한 국가명을 적어 주십시오.(请填写过去十四天之内停留过的国家。)
Please list all countries you have visited within 14 days prior to arrival.

출발 국가 및 도시명을 적어 주십시오.(Please list the country and city you departed.)
请填写出发国家和城市名称。

본 신고서 작성을 기피하거나 거짓으로 작성하여 제출하는 경우 「검역법」 제12조 및 제39조에 따라 1년 이하의 징역 또는 1천만원 이하의 벌금에 처해질 수 있음을 알려드립니다.

Pursuant to Articles 12 and 39 of the Quarantine Act, making any false statements concerning your information or failing to fill out this Declaration Form is a criminal offense punishable by one year of imprisonment or less or a fine of up to 10,000,000 KRW.

若回避或虚假填写本调查表, 依据「检疫法」第十二条及第三十九条规定, 可被处以一年以下的徒刑或一千万韩元以下的罚款。

작성일 2021 년 월 일
Date (日期) (MM/DD/YYYY)

작성인 (서명 또는 인)
Completed by (签字) (Signature)

국립검역소장 귀하(国立检疫所长 敬启)
Director of the National Quarantine Station
Ministry of Health and Welfare

복지부 <모바일 자가진단앱> Self Diagnosis Mobile APP	행안부 <자가격리자 안전보호앱> Self-Quarantine Safety Protection APP		
<안드로이드·아이폰용> Google Play/APP Store	<안드로이드 다운>	<안드로이드용> Google Play	<아이폰용> APP Store

3. 기내 면세품 서비스

기내 면세품의 판매는 항공사의 영업 이윤에 영향을 미치는 중요한 사업 분야이다. 따라서 항공사는 노선별 구매 동향을 파악하여 많은 판매를 유치할 수 있도록 다양한 마케팅 방안을 마련하고 있다. 한편 기내 면세품 판매 서비스는 국제선을 이용하는 승객들에게 유명 브랜드의 우수한 품질의 제품을 면세가격으로 저렴하게 구입하는 기회가 되어 인기가 높은 서비스이다. 그러므로 객실 승무원들은 기내 면세품 판매 서비스를 통해 승객들에게 만족감을 제공하고, 항공사의 수익 증대에 기여하는 중요한 역할을 하게 된다.

1) 기내 면세품 구매

(1) 기내 구매 방식

기내 면세품은 식사 서비스가 끝난 후에 항공사의 정해진 순서에 따라 상위클래스부터 판매를 시작한다. 이때 승객은 기내에 비치된 항공사별 카탈로그를 참고하여 기내 승무원에게 직접 구매하고 결제하면 물품을 전달받게 된다.

(2) 예약 구매 방식

기내 면세품 판매는 한국에서 출발하기 전에 정해진 수량의 물품을 탑재(Standard Loading)하여 식사 서비스가 끝난 후에 판매하는 절차로 이루어진다. 따라서 탑재된 물품이 모두 소진된다면 해당 편에서는 추가적으로 구매할 수 없는 상황에 이르게 된다. 이러한 상황에 대비하여, 승객들은 자신이 원하는 물품을 사전에 전화나 팩시밀리, 인터넷, 이메일, 귀국편 사전 주문서 등으로 예약하고, 기내에서 전달받는 방식으로 주문을 확실시할 수 있다.

PLUS

기내에서 판매되고 있는 면세품의 종류를 알아볼까요?

항공사에서는 아래와 같이 다양한 브랜드의 여러 가지 제품을 저렴한 면세 가격으로 판매하고 있습니다. 판매되는 브랜드와 제품은 항공사마다 마케팅 정책에 따라 다르며, 매월 바뀔 수 있습니다.

주류

화장품류

향수류

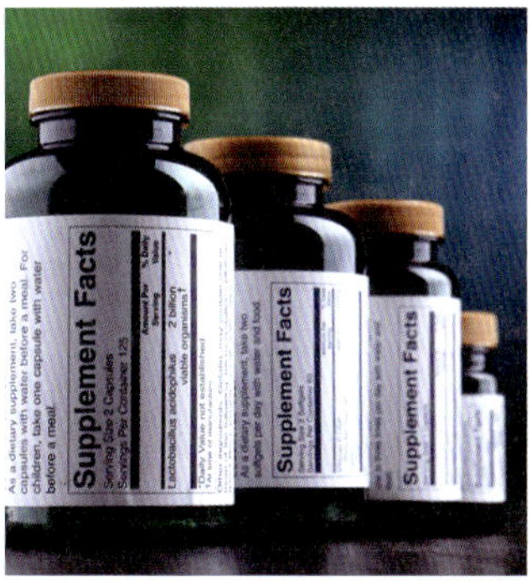

건강보조 식품류

패션용품

시계류

초콜릿류

필기구류

기타 선물류

PLUS

기내 판매가 잘 되는 노선이 따로 있나요?

그럼요. 당연히 있습니다. In Bound 편에서 가장 많이 판매되고 있습니다. 보통 승객들이 한국에서 타국으로 나가는 비행기(Out Bound)에서는 구매 욕구가 떨어집니다. 왜냐하면 새로운 여행지에서 구매할 수 있는 기회가 많을 것이라는 기대와 비행기 안에서 구매한 물품을 여행지 내내 가지고 다녀야 하는 번거로움이 공존하기 때문입니다.

하지만 여행을 마치고 한국으로 들어오는 비행기(In Bound)에서는 구매 욕구가 높아집니다. 게다가 친구, 연인, 가족들과 소중한 사람들에게 주고 싶은 선물을 구매하지 못했다면 마음이 조급해지죠. 기내 면세품 카탈로그를 보면서, 한국에서 구매하면 가격이 비싸진다는 사실을 알고 기내에서 내리기 전에 반드시 구매해야겠다는 욕구가 강해질 수밖에 없습니다. 그러므로 한국에서 타국으로 나가는 비행기보다 타국에서 한국으로 들어오는 비행기에서 기내 판매량이 훨씬 많다는 사실을 꼭 기억합시다.

여기서 잠깐! 그렇다면 항공사에서는 이러한 사실을 알고 판매량을 늘릴 제도 또한 마련해 놓았겠죠? 그 제도가 바로 귀국편 사전 주문 제도입니다. 이 제도에 대해서는 다음 쪽에서 다시 살펴봅시다.

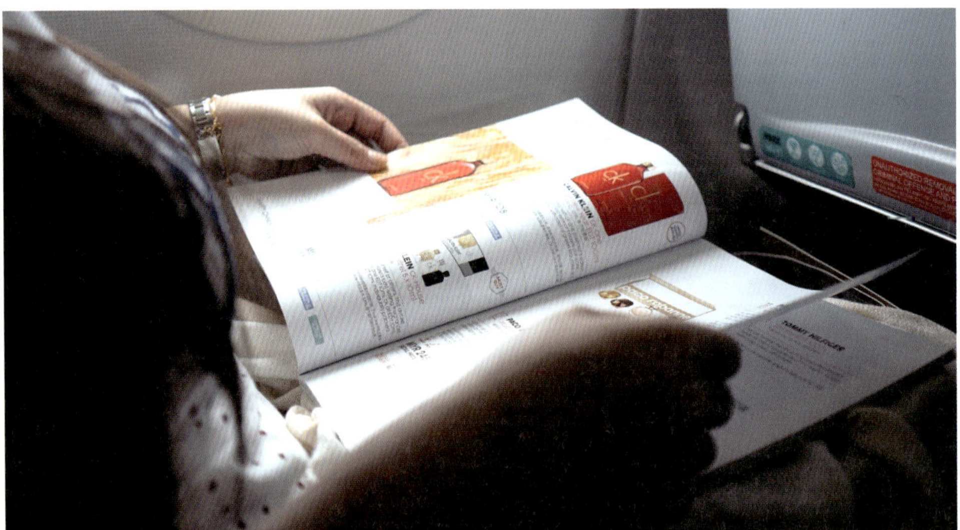

Ko Aun Lee / Shutterstock.com

기내 면세품 카탈로그를 보는 승객

사전 예약 주문 제도

비행기에 탑승하기 전에 승객이 해당 항공사에 전화, 인터넷, 이메일 등으로 직접 원하는 물건을 주문하고, 주문한 물품을 차후에 비행기에 탑승한 후 기내에서 전달받는 주문 방식이다. 이는 기내에 탑재된 물품이 소진될 경우 구매하지 못하는 상황을 보완한 제도로, 승객들이 편리하게 이용할 수 있다. 항공사의 면세품 홈페이지에서 상품을 주문하고 결제할 수 있으며, 주문 가능 시한은 항공사의 항공편마다 다르므로 해당 항공사의 홈페이지를 확인해야 한다. 이렇게 주문된 사전 예약 면세품은 기내에 탑재되고, 주문한 승객의 이름과 좌석번호를 확인한 후 물품을 전달하게 된다.

귀국편 사전 주문 제도

타국으로 여행을 떠난 승객들이 한국으로 돌아가는 귀국편 기내에서 자신이 원하는 면세 물품이 모두 판매되어 구매하지 못하는 경우가 있다. 이러한 상황을 보완하고자 항공사에서는 귀국편 사전 주문 제도를 운영하고 있다.

귀국편 사전 주문 제도는 기내에 탑재된 귀국편 예약 주문서로 구매할 물품을 작성하고 승무원에게 전달하여 주문할 수 있다. 1부는 승객 자신이 보관하고 다른 1부를 기내 판매 담당자에게 제출하면, 기내 판매 담당자는 작성된 귀국편 예약 주문서를 기내 판매 창구에 제출하여 요청한 승객의 귀국편 비행기에 예약한 물품이 탑재되도록 조치한다.

단, 이 과정에서 시간이 소요되기 때문에 귀국편 예약 주문서를 작성한 항공편이 현지에 도착한 시점으로부터 72시간 이후에 출발하는 항공편에 한해 주문이 가능하다. 비행 시간이 짧은 일본이나 중국, 일부 동남아시아 구간은 48시간 이후에 주문이 가능하다.

귀국편 주문서는 주문 당시에 대금을 지불하는 것이 아니라, 기내에서 주문한 물품을 수령한 후 승무원에게 대금을 정산한다. 따라서 귀국편 항공기의 예약이 완료된 승객들이 유용하게 이용할 수 있는 제도이다.

귀국편 예약 주문서 1

(제출용)

- 아래의 주문방식 중 한가지를 선택하여 작성 후 승무원에게 제출 하시기 바랍니다.
  Please check the one of the boxes, fill out the information below and submit it to the Cabin Crew.

☑ 기내 주문 (In-Flight Order)

좌석번호 Seat No	

☑ 예약 주문 (Pre-Order)

- 예약 주문에 체크하시는 분은 아래 사항을 기입해 주시기 바랍니다.
  If you would like to pre-order, please fill out the form below.

☐ 필수기입 Mandatory

성명 Name	국문 (Korean)			스카이패스 회원 번호 SKYPASS No.			
	영문 (English)						
생년월일 Date of Birth				연락처 Telephone No.			
탑승일 (현지 출발일 기준) Return Date	년 (Year)	월 (Month)	일 (Day)	탑승편명 Flight No.	KE	전달 희망 구간 Portion	→

- 기내 면세품을 예약 주문하신 대한항공 스카이패스 회원께는 기내 면세품 포인트를 적립하여 드립니다. 기내 면세품 포인트는 스카이패스 회원 가입 신청서 접수일 이후부터 적립됩니다. 고객님의 개인정보는 기내 면세품 포인트 적립 및 기내 면세품 판매 서비스를 제공하기 위한 용도로만 사용됩니다. (동의 여부를 체크해 주시기 바랍니다.) 예 ☐ 아니오 ☐
- In-flight shopping points will only be offered to SKYPASS members who used pre-order services. Points will only be accumulated after your application of SKYPASS membership is accepted. Your personal data will not be used for any other purposes besides accumulating your in-flight shopping points and managing customer relationships by Korean Air. Please check for agreement. Yes ☐ No ☐

- 탑승일정은 변경시 48시간 전에 연락 주시기 바랍니다.
  If you change your flight schedule, please let us know 48 hours prior to the departure time.
- 기내판매 품목 및 가격은 상품을 전달 받으시는 시점 기준으로 적용됨을 참고 하시기 바랍니다.
  The price of the items will be applicable at the time of delivery.
- 만 19세 미만은 주류를 구매하실 수 없습니다.
  Liquor is not available to passengers under the age of 19 for entering Korea.

품목 번호 Item No.	품 명 Item Description	주문수량 Order Quantity

☞ 도착지 공항에서 다른 비행 편으로 환승하십니까? (국내선으로 환승하는 경우 포함) 예 ☐ 아니오 ☐
Are you going to transfer to another flight? (Including domestic flight) Yes ☐ No ☐

접수자(Receiver)	편명/접수일자(FLT No./Date)

- 세관 신고 필요시간 부족으로 주문 상품이 탑재되지 않을 수도 있음을 안내해 드림 ☐
  Informed that pre-ordered item may not be loaded due to lack of time for customs declaration. ☐
- 기내 판매 품목 및 가격은 상품을 전달 받으시는 시점 기준으로 적용됨을 안내해 드림 ☐
  Informed that product price may be adjusted at the time of purchase. ☐

귀국편 예약 주문서 2

면세품 주문서 & 영수증 ①
Duty Free Order Form & Receipt

ASIANA AIRLINES

좌석번호 Seat NO.		성명 Name	국문	
			English	

좌석 번호는 주문시 모두 기입하고, 예약 주문시에는 인적사항을 모두 기입해주시기 바랍니다.
All passenger fill out the seat number, and please check the one of boxes for order type and fill out the others.

※ 공동운항편 예약주문불가 ※ 항공권상 일정이 맞습니까? Flight schedule check? 예(YES) ☐

☐	기내즉시주문 In-flight Order	☐	예약주문 Pre-order	☐	선결제 예약주문 (5% 할인) Pre-pay (5% Save)		
개인정보동의 Privacy Policy Agreement	☐ 네 (Yes)	생년월일 Date of Birth		연락처 Phone No.			
공동운항편 예약주문불가	상품수령편명 FLT NO.	OZ		탑승예정일 (현지 출발일 기준) Departure date	년 (Year)	월 (Month)	일 (Day)

상품번호 Item No.	수량 Quantity	품명 Item Description

※ 상품 가격은 주문 시점의 가격이 적용됩니다. / The price of items will be appicable at the time of order.

※ 예약주문 사항 변경 시 기내면세품 고객센터로 연락주시기 바랍니다. / If you change your flight Schedule or pre-order Items, please let us know.
주문 변경 가능 자세한 시간은 주문서 뒷면을 꼭 확인 부탁드립니다.
국내 **080-669-3434**(Domestic only), **82-2-2669-3434**
고객 센터 운영시간 : **평일** 08:00~17:00 / **주말 및 공휴일 문의**: E-mail만 가능 (Email Only), dutyfree@flyasiana.com

상품수령 후 다른편으로 환승 하십니까? (인천 – 부산 환승 포함) 환승 보안검색 시 액체류 상품은 보안봉투 밀봉 후 반입 가능 Are you transferring to a different flight? (Including transfer to Incheon-Busan Line)	☐ 예 (Yes) / ☐ 아니오 (No)

※ 면세품 구매내역은 관세청의 전산시스템에 의해 관리되고 있으며, 면세한도를 초과하여 구매하신 경우 입국시 세관으로부터 검사를 받으실 수 있습니다.
Purchased duty free items are reported to and managed by the Korea Customs Service.
Items purchased at the duty free stores that exceed the duty free allowance are subject to inspection.

※ 상기 주문서 기재 내용에 대한 확인후 서명해주시기 바랍니다.
If you confirm your order, please sign here. 서명 (Sign) ________________

지불수단 Payment	현금 Cash	KRW ☐ USD ☐ JPY ☐ EUR ☐ CNY ☐
	카드 Credit card	KRW ☐ 일시불 ☐ 할부 (개월) ☐ USD

■ 승무원 확인란

접수승무원	사번		성명		전달승무원	사번		성명	

MPOS 주문 입력 여부 (접수자 기준)	일반판매 ☐ / 예약주문 ☐

회사용

2) 기내 면세품 결제

기내에서 면세품의 값을 지불하는 결제 수단은 제한적이다. 결제 수단은 카드, 현금, 여행자 수표로 구분할 수 있다.

(1) 카드

지상에서처럼 기내에서도 카드로 물건 대금을 지급할 수 있다. 다만, 항공사마다 규정이 상이하고 다음과 같은 제한이 있으니 이 내용을 숙지하여 결제 시 차질이 없도록 해야 한다.

- 카드 1개당 USD1,500 한도 내에서 구입하는 것이 가능하다.
- 국내에서 발행된 카드로 5만 원 이상을 구입하면 2~12개월 할부로 결제할 수 있다.
- 국내 전용 카드는 원화로만 결제하는 것이 가능하다.
- 인터넷으로 구매할 경우 계좌 이체, 신용카드로 결제할 수 있다(원화 기준).

(2) 현금 및 여행자 수표

기내 면세품 구매 시 현금과 여행자 수표를 사용하는 것이 가능하며, 결제 시 다음 사항을 확인해야 한다.

- 현금은 위조지폐 여부를 확인한다.
- 여행자 수표는 Counter Sign과 Original Sign의 일치 여부를 확인하고 뒷면에 승객의 이름, 여권번호, 비행기 편명과 날짜 등의 정보를 기입한다.

여행지에서 쓰고 남은 화폐를 기내에서 사용하려고 해도 지급 수단으로 통용되지 않는 화폐가 있다. 항공사마다 다소 상이할 수 있으나, 일반적으로 기내에서 사용이 가능한 화폐는 아래의 5종이다.

기내 수수 가능한 화폐

한국 원(KRW)

미국 달러(USD)

일본 엔(JPY)

유럽 유로(EUR)

Creativ Studio Heinemann / Getty Images

중국 위안(CNY)

PLUS

위조지폐는 어떻게 확인할 수 있나요?

기내에서 현금을 받았을 때에는 혹시 위조지폐가 아닌지 의심해 봐야 합니다. 위조지폐와 관련된 법규는 형법 207조부터 2013조까지이며, 위조지폐가 대한민국 화폐인지, 외국 화폐인지에 따라서도 그 처벌 수위가 다릅니다. 승무원은 각 화폐가 위조지폐인지 여부를 정확하게 파악할 수 없지만, 아래의 3가지를 통해 화폐들과 다른 점을 찾아낼 수 있습니다.

- 비추어 보기
- 기울여 보기
- 만져 보기

잔돈 주머니(Money Bag)에 있는 다른 화폐들과 비교해 볼 때 의심스러운 부분이 있는지 확인하고, 홀로그램이 있는 방향으로 돈을 세면서 보는 각도에 따라 달라지는 문양을 보면 지폐의 진위를 판단할 수 있을 것입니다.

여행자 수표는 무엇인가요?

여행자 수표(Traveler's Check)는 해외 여행 시 현금을 대신해서 사용할 수 있는 수표를 의미합니다. 일반적으로 호텔, 공항, 레스토랑 등에서 현금을 대신해서 사용할 수 있지만, 여행자 수표를 취급하지 않는 곳이 종종 있으므로 뜻밖에 불편을 겪을 수 있습니다. 이러한 불편함에도 불구하고 여행자 수표는 현금에 비해 매도율과 매입률이 저렴할 뿐만 아니라, 분실이나 도난의 경우 재발행이 가능하기 때문에 널리 사용되고 있습니다.

여행자 수표는 입수한 즉시 하단 부분의 서명란에 서명을 하게 됩니다. 그 후 수표를 사용할 때 상대방이 보는 앞에서 다시 서명을 하게 되는데, 이때 서명이 동일한지 확인해야 합니다.

기내에서도 면세품을 구입할 때 여행자 수표로 결제하는 것이 가능합니다. 승무원은 여행자 수표를 받았을 때 승무원 앞에서 승객이 서명을 하도록 하고 이 서명이 여권의 서명과 동일한지 확인해야 합니다. 뒷면에 승객의 이름, 여권번호, 비행기 편명과 날짜 등의 정보를 기입하는 것도 꼭 기억합시다.

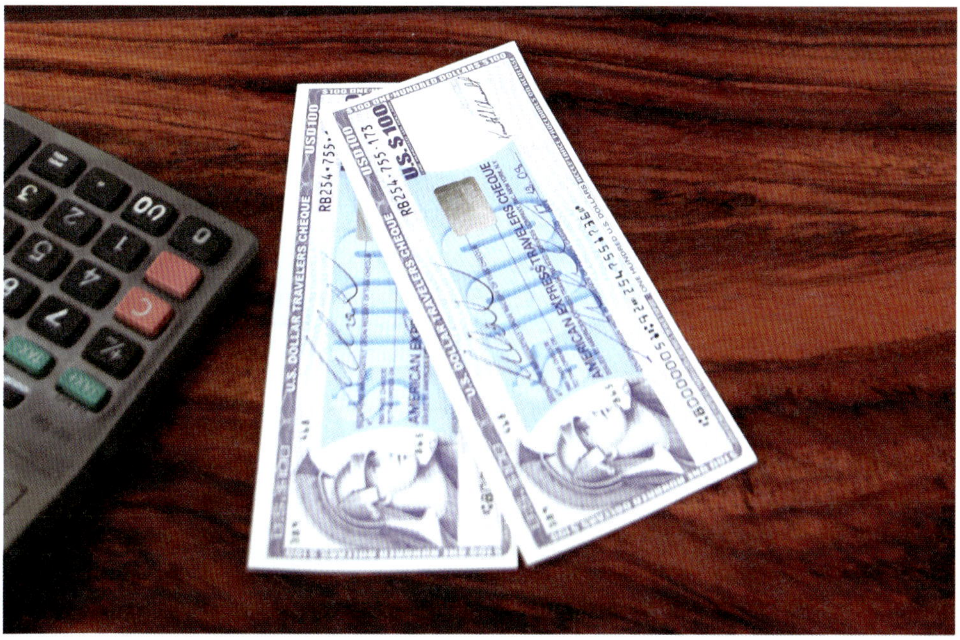

EyesWideOpen / Getty Images News

3) 기내 면세품 판매 준비

면세품 판매 담당 승무원은 면세품이 실린 카트의 상단에 종류별 면세품을 올리고, 판매에 필요한 POS기와 카탈로그, 잔돈이 들어 있는 머니백(Money Bag), 쇼핑백을 준비한다.

▌ 면세품 판매를 위한 카트의 구성

면세품 판매의 시작을 알리는 기내 방송이 시작되면, 상위클래스부터 판매를 시작한다.

기내 면세품 판매의 시작을 알리는 방송

안내 말씀 드리겠습니다.

저희 기내에서는 필요하신 분들을 위해 다양한 면세품을 일반 면세점보다 더 저렴한 가격에 판매하고 있습니다.

잠시 후 면세품 판매를 시작할 예정이오니 구입을 원하시는 손님께서는 저희 면세품 판매대가 지나갈 때 구입하시기 바랍니다.

면세품 구입 시 지불하실 수 있는 화폐는 한국 원, 미국 달러, 일본 엔, 유럽 유로, 중국 위안과 신용카드입니다.

참고로, 한국에 입국하시는 손님의 면세 허용량은 주류 1병(또는 1리터), 담배 1보루, 향수 2온스입니다. 감사합니다.

Ladies and gentlemen.

In a few minutes, we'll begin our sales of duty free items.

If you'd like to purchase any items, please let us know as the duty free cart passes by your seat.

We accept Korean Won, US Dollars, Japanese YEN, Europe EUR, China CNY and credit card.

The duty free allowances for Korea are 1 liter of liquor, 1 pack of cigarettes for (visitors) and 2 ounces of perfume.

For further information, please contact your flight attendants.

Thank you.

4) 기내 면세품 판매 서비스

- 준비된 면세품 카트를 상위클래스부터 시작하여 앞쪽에서 뒤쪽으로 이동하며 면세품 서비스를 하고 있음을 알린다.
- 구매 의사를 표현한 승객에게 정중히 다가가서 아이 콘택트를 한다.
- 승객이 구매하고자 하는 물품이 해당 카트에 있으면 물건을 꺼내서 면세품 봉투에 담아 정중히 전달한다. 이때 승객과 물품, 주문서 내용을 대조하여 승무원과 승객 간에 오전달되지 않도록 한다.
- 기내에서 판매되는 면세품은 외형이 비슷한 제품이 많으므로 판매 시 또는 개별 전달 시 각별히 주의한다.
- 물품이 전달되는 과정에서 제품이나 거스름돈이 오전달되었을 경우에는 판매 후 재고 정산 시 부족금이 생기거나 판매총액이 남으므로, 승객에게 재정산하게 되는 불편을 끼치지 않도록 더욱 주의해야 한다.

유사한 형태의 기내 면세품

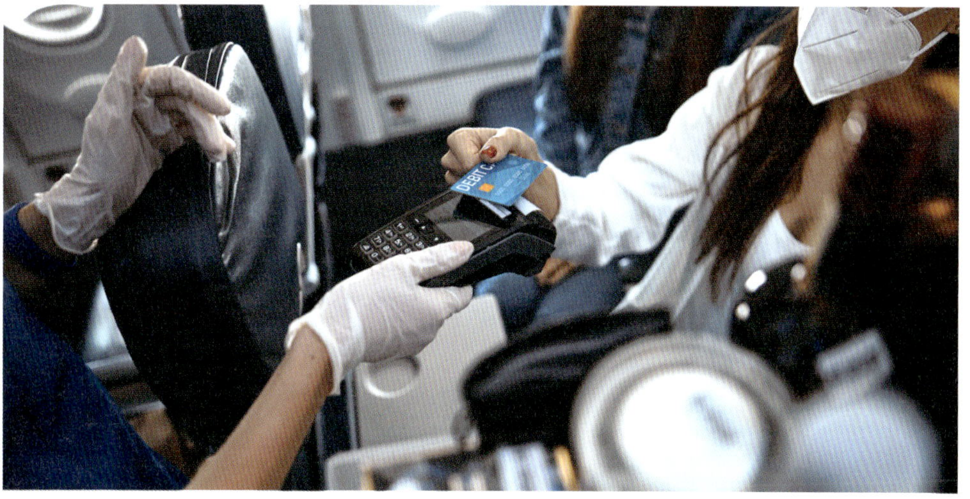

POS기로 결제 중인 승객

- 대금으로 현금을 직접 받을 때에는 반드시 승객 앞에서 받은 액수를 확인하고, 현금 영수증 발급 여부를 확인한다.
- 카드 결제 시 카드 만기일과 서명을 확인해야 하며, 기내에서는 직불카드와 체크카드로 결제할 수 없음을 정중히 알린다.
- 계산 시에는 개인용 계산기를 사용하거나 머릿속으로 암산하지 않고, 기내 판매 전용 POS기를 사용한다. POS기를 통해 영수증을 승객에게 제공하고 재고물품을 파악하며 인수 인계서를 작성한다.
- 객실 승무원은 기내 판매 시 면세 허용량이 넘는 제품에 대해 고지해야 한다.
- 한 승객의 동일한 신용카드를 사용해 미화 500달러를 넘는 대금을 결제할 수 없다. 만약 신용카드로 USD400 이상의 물품을 구입할 경우 카드를 제시한 승객과 카드상의 명의자가 동일한지 확인하고, 승객의 이름, 여권번호와 좌석번호를 신용카드 전표에 기입해야 한다.
- 여행자 수표를 받은 경우, 수표 하단의 Counter Sign과 Original Sign의 일치 여부를 확인해야 하며, 뒷면에는 승객의 이름과 여권번호, 비행기 편명과 날짜 등의 정보를 기입한다.
- 자신의 순서가 되지 않은 승객이 구매를 요청하는 경우, 앞에서부터 순차적으로 서비스를 하겠다고 정중하게 알린다.

• 기내 면세품 판매 시 구매를 하지 않는 승객들에게도 서비스에 소홀함이 없도록 승무원을 따로 배치하여 세심한 관심을 기울인다.

기내 면세품 서비스 대화문

승무원 : 기내 면세품을 판매하고 있습니다. 면세품이 필요하시면 말씀하세요.

승객 : 저기요.

승무원 : 네, 어떤 물건의 구매를 원하십니까?

승객 : 혹시 ○○○ 향수 살 수 있나요?

승무원 : 네, 가능하십니다. 결제는 어떻게 하시겠습니까?

승객 : 카드로 달러 결제할게요.

승무원 : 네, 알겠습니다. 카드 받았습니다. (POS기로 결제한 후) ○○○ 향수가 신용카드로 ○○달러 결제되었습니다. 영수증과 물건을 확인해 주십시오.

승객 : 확인했습니다. 감사합니다.

승무원 : 더 필요한 물건은 없으십니까?

승객 : 괜찮아요.

승무원 : 네, 즐거운 비행 되십시오. 감사합니다.

PLUS

기내 판매 후 발생할 수 있는 여러 가지 상황을 알려 주세요.

아르바이트를 해 본 경험이 있겠지요? 그렇다면 판매를 마친 후에 오늘 판매한 내역과 금액을 비교해서 정산하는 일을 해 보았을 것입니다. 기내 면세품 판매를 마친 후에도 정산이 필요합니다.

그런데 기내 판매 서비스를 종료한 후 판매한 제품과 들어온 금액을 비교해서 정산하는 과정에서 부족분이 생길 수 있습니다. 거스름돈을 잘못 받은 경우, 승객에게 유사한 제품으로 잘못 전달된 경우 등이 대표적인 예입니다. 이때에는 항공기가 서울에 도착한 후 관련 서류를 작성하여 해당 비행편 팀장의 서명을 받은 후에 소속 그룹에 제출하여 보고하는 절차를 이행해야 합니다. 그러면 부족분 신청이나 접수 등 항공사별로 정해진 절차가 진행됩니다. 가장 중요한 것은 부족분이 생기지 않도록, 판매 담당 승무원만이 아니라 전 승무원이 같이 노력해야 한다는 것입니다.

만약 면세품 중 불량품이 생긴 경우, 리페어 태그(Repair Tag)에 사유(명칭, 발생 연월일, 편명) 등을 기입한 후 해당 면세품에 부착하여 담당자에게 인계합니다. 만약 해당 비행편이 아닌 다른 비행편에서 구입한 물품이라면 교환이 불가합니다. 또 멀쩡한 면세품의 교환이나 환불을 요구할 수도 있겠지요? 그러나 과거에 판매된 물품에 대해서는 승객의 요구를 들어줄 수 없습니다. 해당 비행편에서 판매된 물품이고, 제품에 문제가 없을 때에만 교환과 환불이 가능합니다.

객실 승무원은 면세품 판매 서비스가 항공사의 이윤을 창출하는 중차대한 일임을 인식하고 이에 관한 정보를 충분히 파악하여 승객들에게 정확히 안내해야 합니다.

Question & Answer

1. 품절된 물건의 구매를 원하는 승객에게 안내하는 대화문을 작성해 봅시다.

2. 귀국편 사전 주문을 원하는 승객에게 안내하는 대화문을 작성해 봅시다.

3. 면세품 판매 서비스를 하는 동안 면세품을 구입하지 않는 승객에게 어떤 서비스를 할 수 있을지 대화문을 작성해 봅시다.

4. 면세품 판매의 순서를 기다리지 않고, 먼저 구입하고 싶다고 하는 승객에게 어떤 서비스를 할 수 있을지 대화문을 작성해 봅시다.

Level up Role Play 1

상황 **면세품 판매 때문에 잠을 잘 수 없다며 불만을 표하는 상황**

Tip

- 가장 먼저 죄송함을 표한다.
- 면세품 판매의 진행 상황과 판매가 끝나는 대략의 시간을 안내한다.
- 면세품 판매로 인해 기내 조명을 조절하지 못할 때에는 아이마스크와 이어 플러그를 제공하고, 다시 한번 죄송함을 표한다.
- 면세품 판매가 끝난 후라도 지속적으로 관심을 기울이며 세심한 서비스를 한다.

응대 방법

응대 대화문

Level up Role Play 2

상황 **승객이 원하는 면세품이 다 팔리고 없는 상황**

Tip
- 승객에게 사과하면서 현재 면세품이 다 판매되고 없음을 안내한다.
- 비슷한 제품이 있다면 추천하는 것도 좋은 방법이다.
- 기내 판매 시에는 수량이 제한되므로, 면세품 예약 서비스를 이용하는 방법을 안내한다.

응대 방법

응대 대화문

Crew Rest 및 2nd 서비스

CHAPTER 07

학습목표

- Crew Rest의 개념을 이해할 수 있다.
- 2nd 서비스를 위한 준비를 이해하고 수행할 수 있다.

Airline News!

제주항공, 제주도 애월에 감성휴식공간 마련 … 승무원 복장 체험도

코로나19로 주춤했던 제주 여행이 다시 부상하면서 노선 주도권을 두고 항공사의 마케팅 전략도 활기를 띠고 있다. 제주항공은 제주 9.81파크 '스페이스 제로'와 함께 'JJ라운지'를 운영한다고 밝혔다. '여행자에게 여행에 대한 영감과 자유로운 휴식 공간을 제공'하자는 취지로 'JJ라운지X스페이스 제로'를 개설하여 여러 가지 편익을 제공함으로써 타사와 차별화된 여행 경험을 선사하겠다는 전략이다.

출처: 데일리한국 2020.11.09.

viper-zero / Shutterstock.com

장거리 노선에서는 첫 번째 식사 서비스와 면세품 판매 서비스가 끝나도 비행 시간이 아직 많이 남아 있다. 밤 비행이라면 잠을 청하는 승객이 많지만 낮 비행에서는 독서를 하거나 영화를 시청하면서 개인적인 시간을 보내는 승객이 많다. 이때에도 승무원은 노선의 특징에 따라 세심한 서비스를 하기 위해 개별적인 응대를 하는 한편, 남은 비행을 위해 승무원 휴식이 실시되며 남은 서비스 절차를 수행할 준비를 해야 한다. 이 장에서는 첫 번째 식사 서비스와 면세품 판매 서비스 이후에 이루어지는 승무원의 휴식, 즉 Crew Rest와 두 번째 식사 서비스를 위해 준비하는 과정을 살펴본다.

1. Crew Rest

장거리 노선일 경우 승무원들은 식사 서비스 및 면세품 판매 서비스가 모두 끝난 후에 식사를 하는데, 그동안에도 승객들에게 서비스하기 위해 교대로 식사하게 된다. 승무원들은 일반적으로 승객의 식사(Meal) 종류와 동일한 Crew Meal을 취식하게 되지만, 승객들의 식사 Choice가 잘 맞지 않아서 Crew Meal을 사용하게 된 경우, 선택권 없이 남아 있는 종류의 식사를 하게 된다.

승무원들이 식사를 마친 후 두 번째 식사 서비스 준비를 시작하기 전까지 승무원들은 휴식 시간, 즉 Crew Rest를 가지게 된다. Crew Rest는 항공사마다 기준 시간이 상이하나, 일반적으로 비행 시간이 8시간 이상인 경우 객실 사무장이 기내 서비스 절차를 고려하여 실시할 수 있다. 승객들이 휴식을 취하는 동안 승무원들도 2개 조로 나누어 휴식을 취한다.

휴식을 취하는 장소는 기종별로 상이하지만, 중대형 기종의 경우 Bunk라 불리는 Crew Rest Room에서 휴식을 취하기도 하고, 소형 기종의 경우 일반석 뒤쪽의 좌석을 Block해서 사용하기도 한다. Crew Rest 시간에 개인적인 여가 활동을 하는 것은 금지되며, 오로지 다음 서비스를 위한 휴식만 허용된다.

교대조가 휴식을 취하고 돌아올 때까지 승객 서비스에 공백이 생기지 않도록 남아 있는 승무원들은 Cabin Walk-around를 통해 다음 사항을 살피면서 승객들의 비행 안전과 서비스 업무에 최선을 다해야 한다.

Jordan Tan / Shutterstock.com

B787 기종의 Bunk

Jordan Tan / Shutterstock.com

B787 기종의 Bunk

Richard Sharrocks / Getty Images

B777 기종의 Bunk

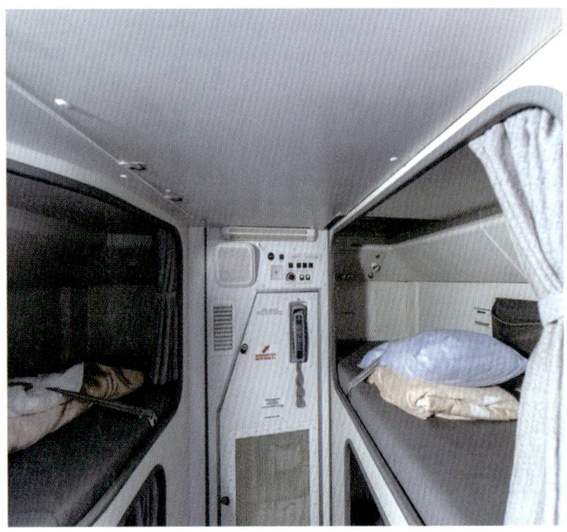

ivandan / iStock / Getty Images Plus

B767 기종의 Bunk

Rathke / iStock / Getty Images Plus

- 기내 전반을 돌아보면서 도움이 필요한 승객이 있는지 확인한다.
- 휴식을 취하는 승객에게 음료 서비스를 실시한다.
- 승무원 호출(Call) 버튼을 누른 승객에게는 즉각적인 응대로 Side Order를 해결한다.
- 화장실을 점검하여 쓰러져 있는 것이 있는지 확인하고, 수시로 화장실 청결 상태를 점검하며 화장실 용품을 리필한다.
- 서비스 스티커가 부착된 승객의 상태를 확인하고, 깨어 있는 승객에게 다가가서 식사 여부를 문의한다.
- 낮 비행인 경우, 대부분의 승객이 깨어 있으므로 음료 서비스와 In Between Snack 서비스 등 적극적인 서비스를 한다.
- 밤 비행인 경우, 주무시는 승객이 많으므로 기내 조명을 어둡게 하여 취침 중인 승객은 충분한 수면을 취할 수 있도록 돕고, 깨어 있는 승객에게는 '독서등' 활용을 지원한다.
- 휴식 시간에 맥주 같은 알코올 음료를 드시는 승객에게는 비행기에서는 지상에서보다 더 빨리 취할 수 있음을 알린다. 또 휴식을 취하는 승객에게 피해를 주지 않도록 맥주나 알코올 음료의 서비스 횟수를 제한하고 이에 대한 정보를 승무원들과 공유한다.

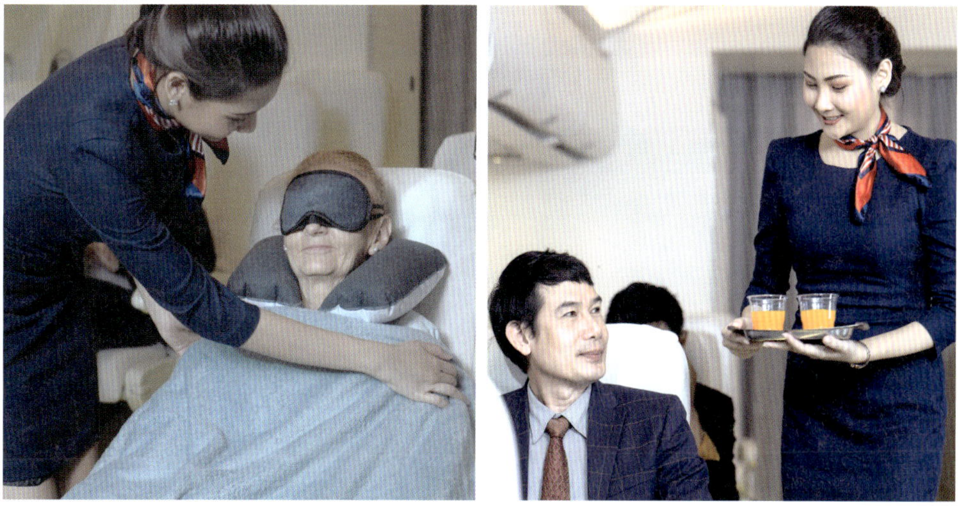

Side Order

승객 휴식

In Between Snack

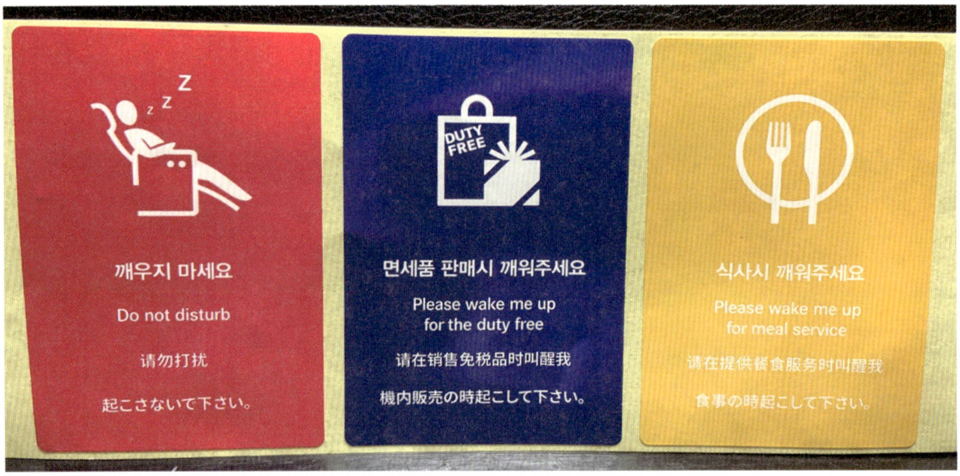

기내에서 사용되는 스티커

스티커 부착 승객 서비스 확인

PLUS

맥주를 더 달라고 재차 요구하는 승객에게는 어떻게 해야 할까요?

비행 중에는 지상에서보다 취기를 더 빨리 느끼게 됩니다. 그러나 지상에서 평소 마시던 주량만을 생각하는 승객들은 맥주를 더 달라고 요구할 수 있습니다. 대한항공의 경우 승객의 안전을 위해 기내 주류 서비스를 승객 1인당 맥주 2~3캔으로 제한하고 있습니다. 아시아나항공 역시 승객들에게 맥주 3캔을 서비스로 제공하고, 승객의 상태에 따라 추가 제공 여부를 결정합니다.

실제로 기내에서는 맥주를 더 받고 싶어서 지나가는 승무원에게 요청하고, 또 다른 승무원에게도 요청하여 제공받은 맥주의 수량을 눈속임하는 경우도 있습니다. 승무원들은 승객들의 상태를 관심 있게 살펴본 후 과음한 승객이 있다면, 승무원들과 제공 횟수와 내용을 공유하여 만취 승객이 되지 않게 해야 합니다. 취기가 올라오면 다른 승객들에게 피해가 되는 행동을 할 수 있으므로 각별히 주의해야 합니다.

만약 맥주 3캔을 제공했는데 더 달라고 승무원을 재촉하는 승객을 만난다면, 기내에서는 술에 취하는 속도가 지상보다 훨씬 더 빠르다는 것을 설명하고, 30분 이후나 1시간 이후에 다시 서비스하겠다고 말씀드리는 것이 좋습니다. 또한 기다리시는 동안 차가운 물이나 음료를 제공하는 것도 좋은 방법입니다.

맥주 서비스 횟수 제한

2. 2nd 식음료 서비스

두 번째 식음료 서비스의 준비는 첫 번째 식음료 서비스 준비와 크게 다르지 않다. 일반적으로 2nd 식사에 필요한 식사 트레이(Meal Tray), 앙트레(Entree), 빵(Bread), SPML(Special Meal) 등의 탑재 수량을 재확인하고 갤리(Galley)별로 승객의 인원수에 맞게 식사 트레이와 앙트레, 빵, SPML을 체크하여 분배한다.

또한 부족한 서비스 용품을 보충하고, 세팅하는 준비를 한다. 예를 들어 음료 서비스에 필요한 종이컵, 플라스틱컵 여분을 확인하여 보충하고, 커피, 차 서비스에 필요한 서비스 아이템을 세팅해 둔다. 두 번째 음료 서비스를 할 수 있도록 음료를 칠링(Chilling)하고, 부족한 물품이 있는지 확인하여 보충한다.

종이컵 수량 확인

플라스틱컵 수량 확인

2nd 식음료 서비스 준비 및 서비스 주의사항

2nd 식사 서비스의 진행 순서는 1st 식사 서비스의 반대로 진행하여 승객들이 식사 선택권(Choice)에 불만을 갖지 않도록 해야 한다. 또한 1st 식사에 불만족한 승객들에게 우선적으로 식사의 종류를 고를 수 있게 한다.

Question & Answer

1. 2nd 식사 서비스를 위해 어떤 것을 준비해야 하는지 책의 내용을 보고 간추려 봅시다.

2. 식사와 면세품 서비스 후, 개인적인 시간을 보내는 승객들에게 승무원이 할 수 있는 서비스를 작성해 봅시다. 또한 자신이 승무원이라면 어떤 특별한 서비스를 할 수 있을지 작성해 봅시다.

Level up Role Play 1

상황 **승객 휴식 시 갤리에서 나는 소음이 크다고 불만을 표하는 상황**

Tip

- 갤리는 서비스를 준비하는 공간으로, 승객이 휴식을 취하는 동안에도 다음에 진행해야 할 서비스를 준비해야 하는 곳이다.
- 갤리 옆 좌석의 승객에게는 미리 양해를 구하고 진행하는 것이 좋으나, 그렇지 못한 경우라면 다음 서비스 준비를 위해 소음이 발생하는 상황을 설명하고 양해를 구한다.
- 최대한 소음이 나지 않도록 준비할 것을 약속드리며, 필요시 아이마스크와 이어플러그를 제공한다.
- 불만을 표한 승객의 좌석 정보와 상황을 승무원들에게 공유하여 2차 불만으로 이어지지 않게 지속적인 관심을 표현한다.

응대 방법

응대 대화문

Level up Role Play 2

상황 **한 아이가 큰 소리를 내며 기내를 뛰어다녀서 너무 시끄럽다고 불만을 표하는 상황**

Tip

- 가장 먼저 사과의 말씀을 드린다.
- 아이의 보호자에게 이와 같은 상황을 말씀드리고 양해를 구한다.
- 일반 승객과 마찬가지로 어린이 승객도 항공사의 고객이므로, 일방적으로 조용히 해 줄 것을 권하기보다는 비행의 특성상 갑자기 흔들리는 상황이 생길 수 있으므로 안전을 위해 좌석에 앉아 있기를 안내하는 것이 좋다.
- 아이가 흥미를 가질 만한 간식과 가지고 놀 만한 장난감을 제공하는 것도 좋은 방법이다.

응대 방법

응대 대화문

부록

자신만의 서비스 비법 노트

우리나라 항공기를 많이 이용하는 13개 국가의 승객들이 선호하는 식사 및 음료의 종류와 특징을 간단히 요약했다. 이를 참고하여 자신만의 서비스 비법을 작성해 봅시다.

아시아 · 태평양 8개국

한국 | 인도 | 인도네시아 | 일본 | 중국 | 필리핀 | 호주 | 홍콩

유럽 4개국

독일 | 영국 | 이탈리아 | 프랑스

북아메리카 1개국

미국

한국

음료

- 주스류와 탄산음료를 선호하며 맥주나 와인 같은 알코올 음료도 선호한다.
- 식사 시 레드 와인과 주스를 선호하며 어린이는 주로 콜라를 선택한다.
- 홍차, 녹차보다 커피를 더 선호하는 편이다.
- 화이트 와인보다 레드 와인의 인기가 더 높다.

식사

- 한국 출발편에서는 양식을 선택하고 한국 도착편에서는 한식인 비빔밥을 선호한다.
- 비빔밥이 모두 소진된 경우 고추장이나 햇반, 컵라면을 함께 제공하는 것이 좋다.
- 양식 메뉴로는 쇠고기의 선호도가 매우 높은 편이고, 돼지고기나 닭고기는 젊은 층의 선호도가 높아지고 있다.

인도

음료

- 주스 중에는 오렌지주스가 인기가 많고 탄산음료로는 다이어트 콜라(Diet Coke)를 선호한다.
- 알코올 음료는 즐기지 않는다.
- 커피나 차를 선호하며 설탕과 크림을 듬뿍 넣어 천천히 즐긴다.

식사

- 힌두교 신자가 총인구의 3/4을 차지하고 있어 스페셜 밀 주문이 많다.
- 스페셜 밀 탑재량이 많으므로 승객 성명을 대조하는 등 정확히 확인하여 밀이 누락되거나 잘못 전달되지 않도록 한다.
- 스페셜 밀이 미탑재된 경우에는 상위클래스의 야채나 햇반 등으로 적극 대체하여 제공할 수 있도록 한다.

인도네시아

음료

- 시원한 맥주를 많이 마시며 탄산음료를 선호하므로 미리 시원하게 보관해 두어야 한다.
- 주스와 땅콩을 좋아하며, 녹차보다 홍차를 더 선호한다.
- 커피나 홍차에도 설탕을 많이 넣는 편이므로 여분의 설탕을 항상 준비해 두어야 한다.

식사

- 인도네시아 특유의 맛으로 달콤하면서 매운맛을 선호한다.
- 주 종교인 이슬람교의 영향으로 돼지고기는 먹지 않는다.
- 양식 메뉴를 선호하며, 닭고기-쇠고기-해산물 순으로 선택하는 경우가 많다.
- 유 · 소아를 동반한 경우에 우유나 이유식에 대한 문의와 주문이 많다.
- 매콤한 맛을 선호하므로 식사 서비스 시 제공되는 소스에 대해 자세히 안내한다.

일본

음료

- 장년층의 경우 위스키나 코냑 등의 알코올류를 선호했으나 최근에는 와인이나 맥주의 소비가 증가하고 있다.
- 맥주 선호도가 매우 높으므로 서비스하기 전에 충분한 양을 탑재하고 차게 준비해 두어야 한다.
- 커피와 차를 즐기며, 홍차보다 녹차의 선호가 더 높은 편이다.

식사

- 주로 해산물 요리를 선택한다.
- 비빔밥에 대한 관심이 높으며 취식 시 고추장을 주문하는 경우가 많다.
- 시원한 맥주를 선호하므로 충분히 칠링하여 차갑게 준비해 두고 맥주를 종류별로 세팅하여 서비스한다.
- 취식 속도가 매우 느린 편이므로 식사 서비스 시 여유 있게 진행한다.
- 비행 시간이 짧은 구간이 많아 서비스와 회수가 신속히 이루어져야 하지만, 급하게 서두르는 모습은 보이지 않도록 주의한다.

중국

음료

- 얼음을 넣지 않은 차가운 콜라를 선호한다. (음료에 얼음을 넣는 것을 즐기지 않는다.)
- 식사와 어울리는 음료보다 처음 선택한 음료를 반복해서 주문하는 경향이 있다.
- 와인보다 중국 맥주나 한국 맥주를 더 선호하므로 맥주를 시원하게 준비해 두어야 한다.
- 커피보다 홍차의 선호도가 매우 높으며, 뜨거운 물만 요청하여 개인이 소지한 물병에 준비해 온 티백을 우려 마시는 경우가 많다.

식사

- 취식 속도가 매우 빠르므로 회수 시점을 잘 살펴 진행한다.
- 주로 치킨 요리를 선택하는데 한식 비빔밥도 즐기는 편이다.
- 식사 제공 시 의사소통이 어렵다면 앙트레를 보여 주거나 식사 안내서를 적극 활용하여 주문을 받는다.
- 차를 즐겨 마시므로 식사 후 뜨거운 차를 충분히 서비스한다.

필리핀

음료

- 물과 다른 음료 두 종류를 동시에 마시는 것을 선호하며, 맥주 서비스 시 제공되는 땅콩을 매우 좋아한다.
- 탄산음료를 선호하고 와인보다 맥주를 더 즐긴다.
- 차보다 커피를 더 좋아하는 편이며, 설탕과 크림을 듬뿍 넣는 것을 선호하므로 서비스 시 충분한 양을 준비해 간다.

식사

- 양식 메뉴의 선호도가 높으며 그중 닭고기 메뉴가 가장 인기 있다.
- 유 · 소아 동반 승객은 어린이 식사를 주문하는 경우가 많다.
- 아기를 동반한 승객은 우유를 요청하는 경우가 많으므로 우유 탑재량을 확인한다.
- 식사 중 음료 주문이 많으므로 탄산음료와 맥주를 충분히 준비해 간다.

호주

음료

- 시원한 탄산음료(Coke, Sprite 등)를 선호한다.
- 호주산 와인이나 맥주를 선호하는 편이다.
- 커피보다 녹차와 홍차가 더 인기 있다.
- 알코올 음료가 무료인지 여부를 물어본 후 주문한다.

식사

- 주로 양식 메뉴를 선택한다. 원하는 메뉴의 선택이 불가하여 한식 메뉴를 간단히 안내하며 권하면 젊은 층은 호의적 반응을 보이지만 한식에 대한 개념이 부족하므로 더욱 적극적인 응대가 요구된다.
- 호주산 와인이나 맥주가 기내에 탑재되는 것에 자부심을 느끼므로 호주산 와인을 적극적으로 홍보하고 리필 서비스를 제공한다.
- 사용한 컵이나 쓰레기, 식사 트레이를 복도나 기내 바닥에 내려놓는 일이 많으므로 수시로 회수를 실시한다.

홍콩

음료

- 주류나 주스보다 탄산음료(Coke, Sprite 등)를 더 선호한다.
- 기내 땅콩을 좋아하며 따뜻한 음료를 선호한다.
- 와인은 가볍게 한 잔 정도 즐기는 편이다.

식사

- 쇠고기 요리보다 해산물과 닭고기 요리를 더 선호한다.
- 한식보다 양식을 더 많이 선택하나 한식에 대해 안내하고 한식을 제공하면 반응이 좋은 편이다.
- 알코올 음료의 선호도가 낮은 대신 빵이나 주스, 커피나 차의 지속적인 리필이 필요하다.
- 식사를 여유롭게 즐기기 때문에 취식 속도에 맞게 서비스를 진행한다.
- 단체 승객들은 어린이 식사를 주문하는 경우가 많으므로 누락되지 않게 정확히 확인한다.

독일

음료

- 유럽 국적 승객은 대부분 물 대신 페리에(Perrier)나 클럽소다(Club Soda)를 즐겨 찾는다.
- 탄산음료를 선호하며, 독일 현지 맥주나 와인을 선호한다.
- 독일 노선에 탑재되는 화이트 와인을 선호하므로 독일 와인에 대해 안내한다.
- 레드 와인보다 화이트 와인을 더 선호하는 편이며, 모든 주류에 관심이 많아 골고루 즐긴다.

식사

- 대부분 양식 메뉴를 선택한다. 그러나 호기심이 많아 한식 비빔밥을 안내하면 관심을 보이므로 양식 부족 시 비빔밥 안내지를 적극 활용하여 비빔밥을 소개한다.
- 간식 선호도가 높으므로 간식을 충분히 준비해 간다.
- 와인을 즐기므로 와인 리필을 주기적으로 실시한다.
- 식사와 함께 맥주 취음량이 높은 편이므로 승무원들과 각 승객의 음주량에 대한 정보를 공유한다.

영국

음료

- 탄산음료보다 물을 더 선호하며 믹서(Mixer)류인 진저에일(Ginger Ale), 페리에(Perrier) 등의 소비가 타 노선에 비해 월등히 많은 편이다.
- 알코올 음료보다 식전 음료와 같은 가벼운 탄산음료를 더 즐겨 마신다.
- 녹차보다 홍차를 더 선호하며 홍차에 우유와 레몬을 곁들이는 것을 좋아한다.
- 커피를 마실 때 설탕은 넣지 않고 크림만 넣어서 마시는 경우가 많다.

식사

- 비빔밥보다 쇠고기 메뉴를 더 많이 선택한다.
- 식사 중 적극적으로 물을 리필한다.
- 탄산음료를 선호하므로 식사와 함께 즉시 서비스할 수 있도록 탄산음료를 충분히 준비해 나간다.

이탈리아

음료

- 이탈리아에서는 값이 저렴하고 품질이 좋은 와인을 쉽게 구할 수 있어 식사 시 와인을 곁들이는 문화가 있다.
- 오렌지주스나 토마토주스를 즐기며 탄산음료로는 콜라를 선호한다.
- 식사 중 와인을 지속적으로 리필한다.
- 커피를 좋아하며, 특히 진한 에스프레소나 카푸치노를 즐기고 커피에는 우유만 첨가하여 마신다.

식사

- 쇠고기보다 생선이나 해산물 메뉴를 더 많이 선택한다.
- 식사 서비스 중 빵과 와인은 수시로 리필한다.
- 와인 서비스량이 많으므로 와인을 충분히 탑재해 가고 적정 온도로 보관해 두어야 한다.
- 취식 속도가 빠른 편이므로 서비스 속도가 뒤처지지 않도록 유의한다.

프랑스

음료

- 물보다 페리에(Perrier)나 클럽소다(Club Soda)를 더 선호한다.
- 식사 중 와인을 종류별로 마시는 것을 즐긴다.
- 모든 종류의 알코올 음료에 관심이 많으며 골고루 즐기는 편이다.
- 홍차를 즐기고, 커피를 마실 때는 설탕이나 크림을 넣지 않는 편이다.

식사

- 대부분 비빔밥보다 양식 메뉴를 더 선호한다.
- 천천히 즐기면서 식사하는 경향이 있어 취식 속도가 매우 느린 편이므로 식사 후 커피나 차 서비스도 여유를 갖고 천천히 진행한다.
- 식사 중에 와인을 가장 많이 찾으므로 적극적으로 와인 리필 서비스를 실시한다.
- 탑재된 와인에 대한 정보를 사전에 정확히 알아두었다가 적극적으로 안내한다.

미국

음료

- 음료가 아닌 물을 선호하며 탄산음료로는 다이어트 콜라(Diet Coke)를 선호한다.
- 알코올 도수가 높은 주류보다 와인을 더 선호하여 식사와 함께 여유 있게 즐기므로 와인 리필을 적극적으로 실시한다.
- 커피나 차 서비스를 즐기며 설탕과 크림을 듬뿍 넣는다.

식사

- 주로 닭고기와 쇠고기 메뉴를 선택하며, 메뉴 선택이 불가한 경우 비빔밥과 같은 한식을 설명하면 우호적으로 흥미를 보여 선택하지만 취식 후 만족도는 다소 낮은 편이다.
- 비빔밥 나물에 대한 이해도가 낮아서 모든 나물을 하나의 요리로 인식하여 섞어 먹는 것을 이해하지 못하고 나물과 밥을 따로 취식하는 경우가 많다.
- 젊은 층은 식사 서비스가 종료된 후 기내 복도를 맨발로 다니는 경우가 빈번하므로 개인 안전에 유의하도록 적극적으로 안내한다.

참고 문헌

네이버 지식백과(http://www.naver.com)

대한항공 서비스 업무 교범

대한항공 안전 업무 교범

대한항공 홈페이지(http://kr.koreanair.com)

대한항공 In-Flight Announcements Ⅰ, Ⅱ

아시아나항공 서비스 매뉴얼

양지혜(2021), 항공객실업무론, 양성원

유문주, 김지영(2020), 항공기 음료서비스 이론과 실무, 센게이지러닝코리아

이수경(2022), 이륙 후 서비스부터 착륙 후 업무, 센게이지러닝코리아

임연경(2021), 비행 중 · 착륙 전 서비스, 센게이지러닝코리아